Yonge Street, Abendaufnahme

Ufer am Lake Ontario

Blick von Toronto Island

Niagara Fälle

XV. Toronto wächst unaufhaltsam - Bevölkerungs- und Stadtwachstum
Historische Bevölkerungsentwicklung 132
Immer mehr Wohnsiedlungen entstehen 135
Die Neighbourhoods - Geborgenheit statt Anonymität 137
Wie sieht die Zukunft aus - Prognosen und Aussichten 138

XVI. Das Toronto-ABC - Praktische Hinweise von A bis Z 140
Aberglaube - Ärzte & Medizin - Alkohol - Angeln und Jagen - Antiquitäten & Flohmärkte - Aussicht - Autofahren - Behinderung - Benzinpreise - Botschaften und Konsulate - Bücherei - Casinos - Einreise - Einwanderung - Entfernungen - Fahrradfahren - Fast-Food - Flughafentransfer - Flugverbindungen - Golf - Information - Karten und Bücher - Kino - Konzerte - Kreditkarten - Malls - Maße und Gewichte - Mietwagen - Mücken - Musicals - Notfall - Öffnungszeiten - Post - Rafting - Reiseanbieter -Restaurants - Rundflüge - Steuern - Stromspannung - Tax-Free - Taxi - Theater - Tickets - U-Bahn (Subway) - Währung - Wettervorhersage - Wohnmobile - Zeit - Zeitungen - Zoll

Stadtgeographische Begriffe 160

Literaturverzeichnis 162

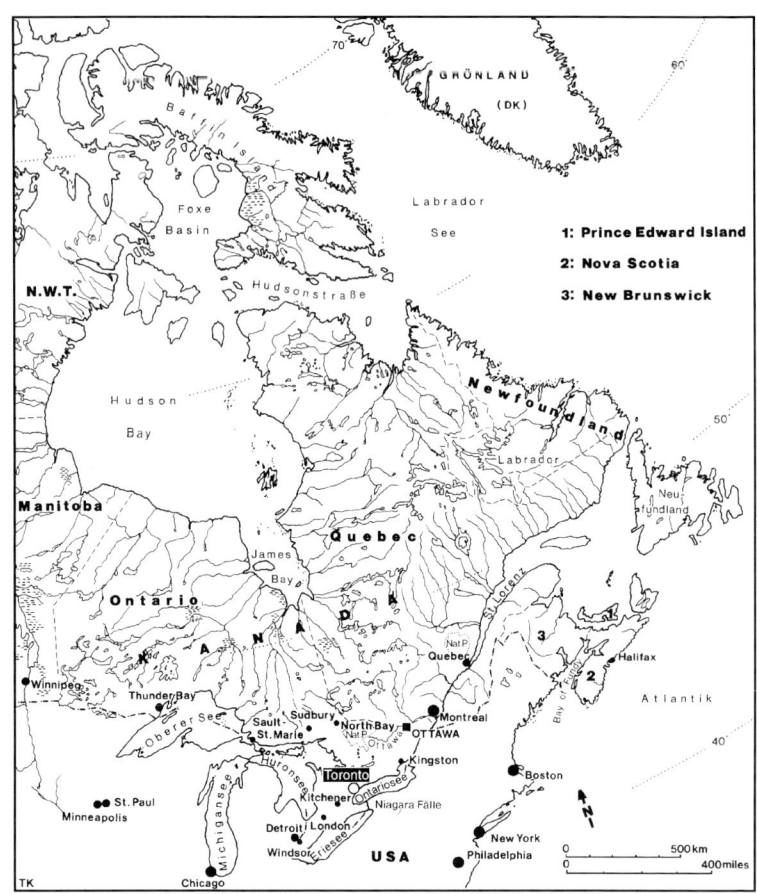

Vorwort

Die Megacities werden immer zahlreicher und immer größer. Jahr für Jahr strömen die Menschen in die großen Metropolen und bleiben dort. Toronto ist eine von diesen gigantischen, unaufhörlich wachsenden Städten.

Doch trotz dieser flächenmäßig starken Ausbreitung halten sich die Probleme in Grenzen und sind lange nicht so gravierend wie in den Metropolen des Nachbarlandes USA. Im Gegenteil, Toronto ist das geblieben, was es schon rund 200 Jahre auszeichnet: eine saubere und freundliche Stadt. Das wissen auch die zahlreichen Einwanderer zu schätzen, die von allen Orten der Welt nach Toronto aufbrachen und weiterhin aufbrechen. Heute zählt man mehr als 100 verschiedene ethnische Gruppen.

Toronto präsentiert sich heute als junge Stadt mit einer lebendigen Downtown und den markanten Bank Towers, die - schon von weitem sichtbar - die Bedeutung der kanadische Finanzmetropole repräsentieren. Toronto hält für den Besucher zahlreiche Superlativen bereit, unter welchen der CN-Tower als höchstes Gebäude der Welt nur ein Highlight ist. Ein Stadtbesuch kann sehr vielseitig sein und den Besucher u.a. in riesige Shopping-Centre, in die zahlreichen Museen, in grüne Gärten, auf die Insel Toronto Island oder in die Chinatown entführen. Diese Vielseitigkeit schätzt auch die Filmindustrie, und so sind die zahlreichen Filmteams in Toronto genauso zuhause wie in Los Angeles oder in New York. Nicht zu Unrecht hat die Stadt den Beinamen „Hollywood des Nordens".

Heute zählt Toronto rund 4,3 Millionen Einwohner; bis zum Jahre 2021 soll die Zahl auf 6,7 Millionen ansteigen. Das heißt, es kommen immer mehr Probleme auf die Stadt und die Bürger zu. Hier sind die Verantwortlichen gefragt, ein geschicktes Händchen zu beweisen. Der freundlichen und einladenden Metropole, die lange als „Toronto the Good" betitelt wurde, ist es zu wünschen, daß sie ihre positiven Eigenschaften noch lange behalten wird.

Dieser Stadtführer soll dem Besucher die Stadt und das Umland vorstellen. Einen hohen Stellenwert haben hierbei die Sehenswürdigkeiten und das Freizeitangebot, damit der Stadtbesuch zu einem erfolgreichen Urlaub beiträgt.

Wer Toronto besucht, wird sich wohlfühlen und die beeindruckende Metropole schnell in sein Herz schließen.

I. Ein erster Überblick - Toronto in Kanada

Der schnelle Überblick

Kanada (Canada) im Überblick - CDN (Canadian Dominion)
Fläche: 9.958.319 km²
Lage: Nordamerika
Flagge: Rotes Ahornblatt auf weißem Grund

Hauptstadt: **Ottawa** mit 1,01 Mio. Einwohnern (MA)
Einwohner: 29.964.000 insgesamt; 18,7% gebürtige Kanadier, 17,1% britischer, 9,5% französischer, 26,2% französischer- und britischer, 28,5% anderer Abstammung, 3% asiatischer und 2,4% südasiatischer Abstammung.
Einwohner pro Km²: 3
Urbanisierung: 77%
Bevölkerungswachstum (jährlich): 1%
Lebenserwartung: 79 Jahre (männl. 76 J./weibl. 82 J.)
Säuglings-Sterblichkeitsrate: 0,7%
Sprachen: Englisch und Französisch sind die Amtssprachen (Muttersprachen: 60,5% Englisch, 23,8% Französisch und 15,7% sonstige wie Chinesisch, Italienisch, Portugiesisch)
Religion: 47% katholisch, 16% „United Church", 10% Anglikaner, 3% Presbyterianer, 3% Lutheraner, 3% Baptisten und 17% sonstige

Staat und Verfassung
Verfassung: konstitutionelle Monarchie im Commonwealth. Das Parlament besteht aus zwei Kammern, dem Unterhaus und dem Senat. Das Parlament wird alle 5 Jahre gewählt. Autonomierechte bestehen für Eskimos (Inuits) und Indianer.
Staatsoberhaupt: seit 1952 Königin Elisabeth II., vertreten durch den Generalgouverneur.
Regierungschef: Jean Chrétien (Liberal Party), seit 1993
Parteien: Liberal Party (LP), Bloc Quebecois (BQ), Progressive Conservative Party (P.C.), New Democratic Party (N.D.P.), Reform Party
Nationalfeiertag: 1.Juli

Wirtschaft
Bruttosozialprodukt (1996): 569.899 Mio. kan$, entspricht 19.020 kan$ pro Kopf
Bruttoinlandprodukt: 579.300 Mio. kan$
Arbeitslosigkeit: 9,2 %
Währung: 1 kanadischer Dollar (kan$) = 1,17 DM (Stand 1.99)
Inflation (1997): 1,6%
Außenhandel:
Export: insgesamt wurden Güter in einem Wert von 301 Mrd. kan$ exportiert: 23 % Kraftfahrzeuge, 21 % Maschinen und Ausrüstungen, 19% Produktionsgüter, 13% Forsterzeugnisse,

10% Energie, 8% land- und forstwirtschaftliche Erzeugnisse, 3% Konsumgüter. Wichtige Handelspartner sind die USA (82%), Japan (4%), Republik Korea (1%) und BRD (1%).
Import: Im Gesamtwert von 278 Mrd. kan$ wurden Güter eingeführt: 33% Maschinen und Ausrüstung, 22% Kfz, 19% Produktionsgüter, 11% Konsumgüter, 6% land- und fischwirtschaftliche Produkte, 4% Energie. Handelspartner sind USA (68%), Japan (5%), Frankreich (2%) und BRD (2%).

Kanada - mehr als Wälder, Seen und Einsamkeit

Obwohl der Großraum **Toronto** sich immens ausgedehnt hat und eine riesige Fläche beansprucht, ist er nur ein kleiner Fleck in dem flächenmäßig zweitgrößten Land der Erde. Für das Verständnis von Leben, Kultur und Geschichte der Metropole ist es hilfreich, wenn man sich einen Überblick über das riesige Land verschafft.

Mit rund 10 Millionen Quadratkilometern (genau: 9.958.319 km²) ist der nordamerikanische Staat nach der GUS das zweitgrößte Land der Erde und gehört mit GUS, Volksrepublik China, USA, Brasilien und Australien zu den flächengroßen Staaten. Die Fläche Kanadas ist rund 28 mal größer als die Staatsfläche der BRD. In Nord-Süd-Richtung erstreckt sich das Land über 4.600 km, in Ost-West-Richtung über rund 5.500 km. Eine Küstenlinie von ungefähr 240.000 Kilometern und eine Grenzlinie mit den Vereinigten Staaten von 6.400 Kilometern (ohne die Grenze zu Alaska) unterstreichen die gigantischen Ausmaße des Landes. Mit einer vergleichsweise niedrigen Bevölkerungszahl von 29,9 Millionen Einwohnern (soviel Menschen leben allein in den beiden deutschen Bundesländern Nordrhein-Westfalen und Baden-Württemberg) hat das Land eine extrem geringe Bevölkerungsdichte von rund 3 Einwohnern pro Quadratkilometer. Damit gehört Kanada zu den gering besiedelten Staaten der Erde und ist aufgrund der großen Fläche und der dünnen Besiedlung mit Australien vergleichbar. Generell kann man Kanada als einen menschenleeren Raum bezeichnen, denn etwa 89% der gesamten Fläche sind mit weniger als einem Einwohner pro Quadratkilometer besiedelt. Ein Großteil der Bevölkerung (77%) lebt in Städten auf engem Raum. Dem „menschenleeren Raum" stehen Ballungsräume wie die Metropole Toronto mit rund 3.500 Einwohnern auf einem Quadratkilometer gegenüber.

Innerhalb Kanadas gibt es Siedlungsschwerpunkte. Generell ist der östliche Teil Kanadas stärker besiedelt als der westliche Teil. Bedeutendster Raum ist hierbei der sogenannte Quebec-Windsor-Korridor, der in Kanada als „Main-Street Canada" bezeichnet wird. Es ist eine rund 1.000 Kilometer lange Städteachse, die sich nördlich von Eriesee, Ontariosee und Lorenzstrom erstreckt. Innerhalb Kanadas gibt es im Westen mit den Korridoren Calgary-Edmonton und Vancouver-Victoria weitere Siedlungsachsen, jedoch in einem bescheideneren Umfang.

Entlang der Siedlungsachse zwischen Quebec und Windsor leben rund 56% (15,1 Mio. Einwohner) der gesamten kanadischen Bevölkerung. Prägnanteste Stadt innerhalb dieses Raumes ist die Metropole Toronto, die zugleich die größte und mittlerweile bedeutendste Stadt Kanadas ist.

Die aufgeführten Daten zeigen, daß Kanada nicht das Land der in Blockhäusern wohnenden Holzfäller ist, die auf dem Lande wohnen und von der Waldwirtschaft leben. Dieses stereotype Bild schwebt heute noch zahlreichen Menschen vor. Aus dem Gegensatz zwischen den stark besiedelten Gebieten und den menschenleeren Räumen ergibt sich ein Grundproblem: die Erschließung der dünnbesiedelten Gebiete und ihre wirtschaftliche Integration.

Großlandschaften und Provinzen Kanadas

Kanada mit seiner landschaftlichen Vielseitigkeit kann natürlich nicht pauschal charakterisiert werden, und eine räumliche Differenzierung ist zwingend notwendig. Eine Einteilung in sechs Großlandschaften ist sinnvoll. Es sind (von Ost nach West) die Appalachen, das St. Lorenz Tiefland und die Großen Seen, der Kanadische Schild, die Inneren Ebenen, die Kordilleren, das arktische Tiefland und die Innuitians. Diese gigantischen natürlichen Regionen beinhalten vielseitige Landschaftsbilder wie unzählige idyllische kleine Seen, meerähnliche Binnenseen, grüne Inseln im Meer, karge unbesiedelte Inseln, trockene unendliche Weizenanbaugebiete in den Prärien, eisige Tundren, beeindruckende Berge und Gletscher in den Rocky Mountains, Permafrostgebiete, durch Fjorde geprägte Küsten, undurchdringliche Wälder und gewaltige oder beruhigende Flußlandschaften. In diesem Land mit seinen verschiedenen beeindruckenden Landschaften spielen für den Naturfreund, der gerade in Kanada auf seine Kosten kommt, die Städte in der Regel keine besondere Rolle. Aber auch hier zeigt sich ein bemerkenswertes Spektrum, das von kleinen Eskimogemeinschaften und Indianersiedlungen bis zu modernen Metropolen reicht, zu denen das pazifische Vancouver, das französische Montreal und das multikulturelle Toronto zählen.

Administrativ gliedert sich Kanada in 10 Provinzen mit einer eigenen Verwaltung und 3 Territorien:

Provinzen	Fläche in km^2	Einwohnerzahl	Provinzhauptstadt
Alberta	638.233	2.546.000	Edmonton
British Columbia	892.677	3.282.000	Victoria
Manitoba	547.704	1.092.000	Winnipeg
New Brunswick	71.569	724.000	Fredericton
Newfoundland	371.635	568.000	St.John
Nova Scotia	52.841	900.000	Halifax
Ontario	916.734	10.085.000	Toronto
Prince Edward Island	5.660	128.000	Charlottetown
Quebec	1.357.812	6.899.000	Quebec
Saskatchewan	570.113	989.000	Regina
Territorien			
Northwest Territories	3.246.389	58.000	Yellowknife
Yukon Territory	531.844	28.000	Whitehorse
Nunavut Territory	353.000	22.000	Iqaluit

Klima

Es liegt auf der Hand, daß in Kanada unterschiedliches und teilweise gegensätzliches Klima herrscht. Eine kurze Vorstellung der Klimaregionen zeigt, daß nur wenige Gebiete klimatisch begünstigt sind, und es wird deutlich, warum größere Siedlungen gerade in Südontario entstanden sind.

Die riesige Landesfläche Kanadas läßt keine Allgemeinaussagen zu. Aufgrund der makroklimatischen Dynamik werden die Klimaregionen im folgenden von Ost nach West, der vorherrschenden Windrichtung entsprechend, aufgeführt. Hierbei unterscheidet man fünf südliche und zwei nördliche Klimaregionen:

Das Pazifische Klima entlang eines breiten Küstenstreifens am Pazifik ist ein ausgesprochen maritimes Klima mit einem ausgeglichenen Verlauf der Temperaturkurve. Nur sehr selten verzeichnet man Durchschnittstemperaturen unter 0°C. Die Sommer sind mit geringen Niederschlägen und Durchschnittstemperaturen von 16°C recht mild. Im Herbst nehmen die Niederschläge zu. Zahlreich sind die Herbststürme und die Nebeltage. In Vancouver zählt man alljährlich rund 62 Nebeltage. Vorherrschend sind Westwinde. Das milde Klima, insbesondere rund um Vancouver, veranlaßt Pensionäre und Rentner, ihren Hauptwohnsitz in diese klimatisch begünstigte Region zu verlegen.

Das Kordillerenklima herrscht in den Küstengebirgen bis hin zu den Fußzonen östlich der Rocky Mountains. Aufgrund der starken Höhenunterschiede auf engen Räumen sind die klimatischen Unterschiede gravierend. Der Niederschlag auf der Westseite (Luv) ist wesentlich höher als auf der Ostseite der Bergketten (Lee). Der Winter setzt recht spät ein, und die Sommer können lokal relativ heiß werden. Nach Norden nehmen die Temperaturen generell ab.

Das Klima der Prärieregion ist durch eine ausgesprochene Kontinentalität gekennzeichnet. Durch die Lage inmitten Kanadas haben die Wassermassen des Pazifiks keinen mildernden Einfluß auf den Winter und keine kühlende Wirkung auf den Sommer. Das hat einen langen und bitter kalten Winter und einen kurzen und heißen Sommer zur Folge. Die Temperaturdifferenzen der durchschnittlichen Monatswerte zwischen Januar und Juli sind sehr groß und betragen in Winnipeg rund 38°C. Unterschiede zwischen dem niedrigsten und dem höchsten Wert können unvorstellbare Rekordwerte von über 80°C ergeben. Diese Klimazone kann mit Durchschnittsniederschlägen von rund 400 mm im Jahr als subhumid bezeichnet werden. Der Prärieraum ist gegenwärtig für die Landwirtschaft vor allem für den Weizenanbau bedeutsam. Ein kurze Wachstumsperiode und eine frostfreie Zeit von rund 120 Tagen erforderten stets den Einsatz und die Züchtung neuer Getreidesorten.

In der Klimaregion der Großen Seen und des St.Lorenz-Stromes (Great Lakes - St.Lawrence) liegt die Metropole Toronto, deren Klimadaten insofern repräsentativ sind. Über das kontinentale Klima mit mildernden Einflüssen der Großen Seen wird eingehender in dem Kapitel „Lage und Klima Torontos" informiert.

Die Atlantische Klimaregion ist die östliche Klimaregion Kanadas und erstreckt sich über die maritimen Provinzen (New Brunswick, Prince Edward Island und die südöstlichen Bereiche von Newfoundland) rund um den St.Lorenz Golf. Die Temperaturunterschiede zwischen Sommer und Winter betragen durchschnittlich 30°C, und so werden im Winter rund -10°C und im Sommer bis zu 20°C erreicht. Der maritime Effekt ist längst nicht so gravierend wie an der Pazifikküste. Grund hierfür sind die vorherrschenden Westwinde, die im Winter kalte Luftmassen bringen. Darüber hinaus erreichen arktische Winde die Region. Ein besonderes Markenzeichen ist die hohe Anzahl von Nebeltagen, und so verzeichnet man in St.John's jährlich rund 126 Nebeltage, in Halifax sind es mit 74 bedeutend weniger. Die Niederschläge sind mit rund 1.400 mm im Jahr weitaus höher als in den anderen Klimaregionen. Der Niederschlag verteilt sich relativ ausgeglichen auf das ganze Jahr. Im Sommer verursachen nach Norden ziehende Hurrikane starke Regenfälle.

Das boreale Klima und das arktische Klima sind die beiden nördlichen Klimate, die sich großflächig über ganz Kanada oberhalb der bisher behandelten Klimagebiete erstrecken. Allein in den Provinzen Ontario und Quebec beherrschen die beiden nördlichen Klimaregionen rund 85% der Fläche. Kennzeichen sind die ganzjährig tiefen Temperaturen. Das Jahresmittel liegt meist unter 0°C, und die durchschnittlichen Wintertemperaturen liegen in der borealen bei -20°C, in der arktischen Klimaregion bei -25°C. Die Winter sind lang und hart; Fröste können das ganze Jahr auftreten. Ein „Sommer" erstreckt sich nur über eine Dauer von drei Monaten. Dennoch können bisweilen hohe Temperaturen erreicht werden, und so wurde in Yellowknife eine Sommertemperatur von 32,2°C verzeichnet. Grund für die niedrigen Durchschnittstemperaturen ist der flache Einstrahlwinkel der Sonne und die Reflektion durch die Schnee- und Eisflächen. Die starken arktischen Winde bewirken ein wesentlich stärkeres Kälteempfinden. Die Inuits (Eskimos) schützen sich durch ihre traditionellen Iglus. In der arktischen Zone ist der Boden ganzjährig gefroren (Permafrostboden). Der gefrorene Untergrund reicht bis in Tiefen von über 500 Meter (z.B. Melville Island, 548m). Niederschlag fällt überwiegend als Schnee und bleibt bis zu 9 Monate liegen. Das Abschmelzen der Schneefelder und das Aufbrechen der Eisdecken beginnt im Juni. Die sonst vereiste Hudson Bay und die Hudsonstraße sind erst ab Ende Juli eisfrei. Die Zone des borealen Klimas läßt sich durch die -1°C Isotherme unterteilen. Hierbei hat der nördliche Bereich, oberhalb der Isotherme, eine Jahresmitteltemperatur von -1°C.

Die junge Geschichte Kanadas

Torontos Geschichte und die Bedeutung der Stadt kann man nicht losgelöst von der jungen kanadischen Geschichte sehen. Diese ist interessant und wichtig für das Verständnis aktueller Veränderungen und Ereignisse wie der Gründung des Nunavut-Territoriums und der Seperatisten-Bewegungen in der Provinz Quebec.

I. Ein erster Überblick - Toronto in Kanada

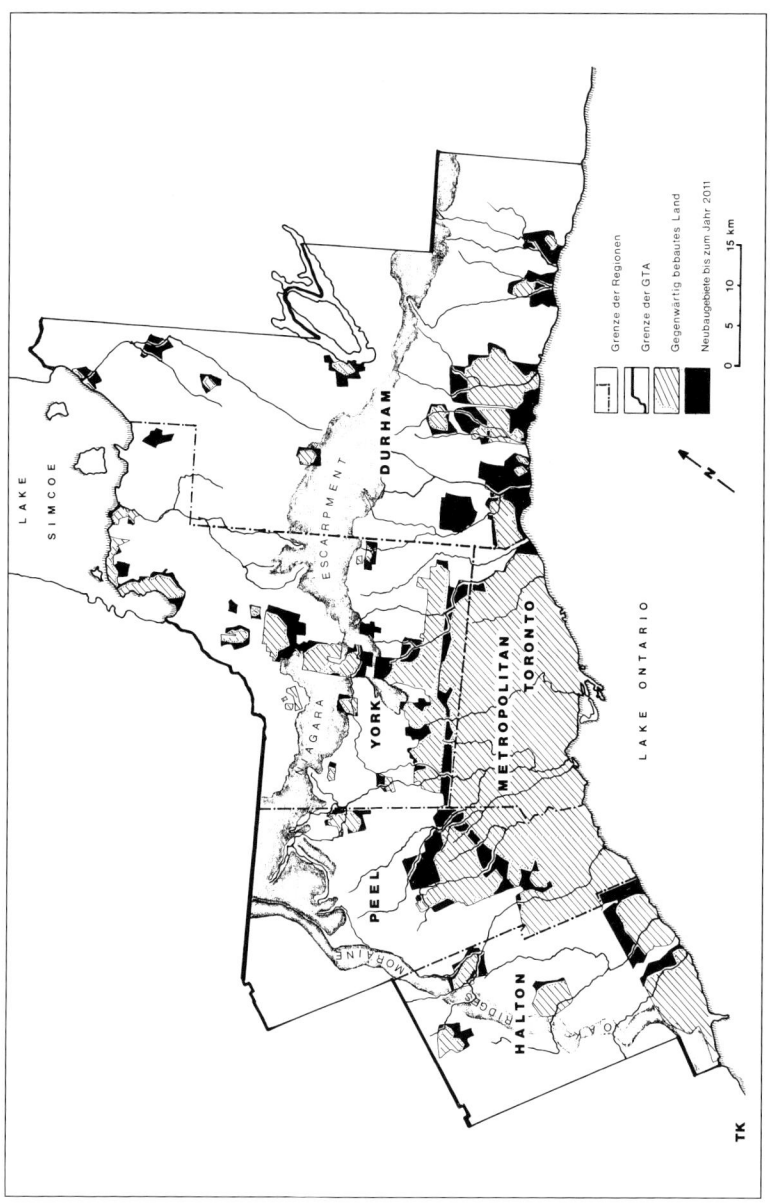

Die Geschichte des heutigen Kanada reicht weit zurück und beginnt mit den Ureinwohnern Kanadas, die vor rund 25.000 Jahren aus Sibirien einwanderten. (Ihre Nachfahren sind die sogenannten Natives, die Eingeborenen wie die Indianer (z.B. Huronen, Cree, MicMac, Irokesen, Athabaska, Tlingit u.a.) und die Inuits. Sie lebten relativ friedlich zusammen, bis der sogenannte „weiße Mann" kam, auf der Suche nach Gold. Er brachte Alkohol, bisher unbekannte Krankheitserreger und später auch Schußwaffen. Einer der ersten „Gäste" war der französische Seefahrer Jacques Cartier, der 1534 in dem heutigen New Brunswick die „französisch-kanadische Handelsbörse" eröffnete und mit den MicMac-Indianern Gegenstände aus Eisen gegen Felle tauschte. Immer mehr Europäer zog es nach Kanada, und der Pelzhandel florierte. 1603 erhielt François de Pontgravé ein Pelzmonopol von Heinrich IV.. 1610 lebten rund 500 französische Siedler (überwiegend Trapper) entlang des St.Lorenz-Stromes in dem 1608 gegründeten Pelzhandelsposten Quebec. Das „Nouvelle France" wurde mit tatkräftiger Unterstützung der hochgebildeten Jesuiten verwaltet. Sie kartierten auch die laurentianische Tallandschaft (entlang des St.Lorenz) und versuchten den Verkauf von Branntwein an die Indianer zu unterbinden, was zu Konflikten mit den staatlichen Autoritäten und den Kaufleuten führte. In der folgenden Zeit wurde das Land in einem Wettlauf zwischen Briten und Franzosen besiedelt. Britische Niederlassungen wurden durch die Gründung der Hudson Bay Company im Jahre 1667 gefördert. Zu Beginn des 18.Jahrhunderts kamen auch Farmer mit ihren Familien nach Kanada, und das Leben der unfreiwilligen Zölibatäre wie Trapper und Kaufleute, fand allmählich ein Ende, so daß um 1720 die Geburtenziffer erstmals über der Sterbeziffer lag.

Um 1700 ließen sich rund um die Hudson Bay einzelne Trapper und Händler nieder, und in den südlichen Bereichen lebten in Nouvelle France überwiegend französische Siedler. Auch die heutigen maritimen Provinzen, insbesondere Nova Scotia und die Ufergebiete der Bay of Fundy, waren besiedelt. Die Besiedlung verlief teils friedlich, teils feindselig und kriegerisch. Die Franzosen, die sich am Becken des St.Lorenz niederließen, fühlten sich in der englischen Umgebung nicht wohl. Es folgten eine lange Rivalität und einige Kriege, in die auch die Indianer verwickelt wurden. In der historisch bedeutenden Schlacht im Jahre 1760 eroberten die Engländer Quebec und Montreal. Der Friede von Paris (1763) bewirkte, daß die Engländer ehemaliges französisches Gebiet erhielten. Die rund 70.000 französischen Einwohner unter britischer Führung behielten jedoch Bürgerrechte, Sprache und Religion.

Während des amerikanischen Freiheitskrieges (1775-1783) zog es zahlreiche englischsprachige Loyalisten nach Kanada. 1791 wurde das Land durch den „Constitutional Act" in zwei Provinzen geteilt. Getrennt wurde die englische Provinz Ober-Kanada von der französischen Provinz Unter-Kanada durch den Ottawafluß. Beide Provinzen besaßen eine selbständige Verwaltung. Toronto wurde die Hauptstadt von Upper Canada (Ober-Kanada) und übernahm eine wichtige Handels- und Wirtschaftsfunktion. Durch den „Canada Union Act" wurden sie Mitte des

19.Jahrhunderts zur Provinz Kanada vereint.

Der wirtschaftliche Fortschritt und das Anwachsen der Städte förderte die Besiedlung entlegener Gebiete, die nun auch aufgrund der verbesserten Verkehrsanbindung einen Anschluß an die Provinz Kanada fanden. 1854 wurde mit dem Eisenbahnbau begonnen, der mit der Fertigstellung der Canadian Pacific Railway im Jahre 1885 seinen Höhepunkt erreichte. Durch diese Eisenbahnlinie wurde eine durchgängige Verbindung vom Atlantik zum Pazifik geschaffen.

Ein besonders wichtiges Datum in der Geschichte Kanadas ist das Jahr 1867. Nach dem Ende des amerikanischen Bürgerkrieges machte der südliche Nachbar, die Vereinigten Staaten von Amerika, Ansprüche auf Kanada geltend. Durch eine nationale Vereinigung versuchte Kanada ebenfalls Stärke zu beweisen, und so wurde 1867 durch den „British North America Act" ganz Britisch-Nordamerika zu einem Bundesstaat zusammengefaßt. Das nun entstandene „Dominion of Canada" bestand aus New Brunswick, Nova Scotia, Quebec und Ontario, später schlossen sich auch Alberta (1870), Manitoba und British Columbia (1870/71) sowie die im Besitz der Hudson Bay Company befindlichen Northwest Territories (1870) an. Das von Konservativen und Liberalen bestimmte Bundesparlament trat erstmalig im Herbst 1867 in der Hauptstadt Ottawa zusammen. Das Kabinett bestand aus einem Generalgouverneur, der von der britischen Krone ernannt wurde, einem Unterhaus und dem Senat.

Durch den Eisenbahnbau wurden auch die Prärieprovinzen angeschlossen, die sich schnell zu bedeutenden Kornkammern des Landes entwickelten und in starkem Maße gegen Ende des 19.Jahrhunderts zum wirtschaftlichen Aufschwung beitrugen. Zu Beginn des 20. Jahrhunderts erhielt das junge Kanada immer mehr Autonomie, die sich in dem Abzug der englischen Truppen (1905), dem Recht auf den Abschluß selbständiger Handelsverträge (1907) und dem Aufbau der eigenen Flotte (1911) zeigte. 1929/30 litt auch Kanada unter der Weltwirtschaftskrise. In den folgenden Jahren suchten zudem immer wieder Dürrekatastrophen die für die Lebensmittelproduktion bedeutenden Prärieregionen heim. Erst nach dem Zweiten Weltkrieg konnte sich Kanada wieder erholen.

Nach 115 Jahren wurde am 17.4.1982 durch den damaligen Ministerpräsidenten Pierre Trudeau der bisher so bedeutende British North America Act außer Kraft gesetzt. Die neue Verfassung wurde verabschiedet und von Königin Elisabeth II. unterzeichnet. Im Referendum vom 26.10.1992 wurde die Verfassungsreform vom August 1992 abgelehnt. Ein mühsam errungener Kompromiß, der die Frankokanadier stärker in die Föderation einbinden und die Minderheitenrechte der Inuits und Indianer stärken sollte, wurde zerschlagen.

In der jüngsten Vergangenheit wurde durch den „Aufruf zur Erhaltung der Einheit" (Deklaration von Calgary) im Jahre 1997 die Gleichheit alle Provinzen betont. Auch 1998 erlitt der Abspaltungsgedanke eine Niederlage, denn der Antrag der Bundesregierung Quebec, sich als unabhängig zu erklären, wurde vom Obersten Gericht abgelehnt.

1993 wurde Kanada Mitglied der neu gegründeten nordamerikanischen Freihandelszone NAFTA.

1999 wurde ein weiteres Territorium eingerichtet. Dieses Nunavut-Territorium ist das neue Gebiet der Inuits, der Ureinwohner, die schon lange für Selbstverwaltung und eine eigene Justiz kämpften. Nach einer offiziellen Entschuldigung der kanadischen Regierung für die ungerechte Behandlung der Inuits in der Vergangenheit (7.1.1998), wurde nun der Rechtsanspruch der Ureinwohner auf das - lange vor der Ankunft der Europäer - von ihnen besiedelte Land erkannt.

Das gegenwärtige Kanada, in dem seit 1973 die Sprachen Englisch und Französisch gleichberechtigt sind, ist durch die hohe Anzahl der verschiedenen kulturellen Gruppen gekennzeichnet. Bereits in den Jahren vor dem Ersten Weltkrieg zog es Amerikaner und Europäer in das Land. Es folgten weitere Einwanderungswellen, die Kanada zu einem multikulturellen Staat machten. Eine besonders anziehende Stadt ist neben Vancouver die Metropole Toronto, die heute über mehr als 100 ethnische Gruppen verfügt.

Die Städte

Auch wenn einige Städte wie Toronto, Vancouver, Calgary, Montreal oder Ottawa den meisten Europäern bekannt sind, so ist Kanada in den Vorstellungen vieler Menschen ein Land mit einer gigantischen Fläche, unzähligen Seen, mächtigen Wäldern und zahlreichen verstreuten kleinen Siedlungen. Niemand macht sich reale Vorstellungen von der hohen Verstädterung des Landes. In den 20er Jahren wurde erstmalig die 50% Marke überschritten, und heute liegt der Grad der Urbanisierung bei rund 77%. Als Vergleich: in der Bundesrepublik liegt der Anteil der Stadtbevölkerung gegenwärtig bei 84%.

Ein Konzept von Stadtdefinitionen und Stadttypen wurde vom Bundesamt für Statistik (Statistics Canada) entwickelt und hat sich weitgehend durchgesetzt.

1951 wurden die (Census) Metropolitan Areas (kurz MA oder CMA) in die kanadische Statistik eingeführt. Der kanadische CMA entspricht dem MSA (Metropolitan Statistical Area), wie er in den Vereinigten Staaten besteht. Unter diesen kanadischen Metropolitan Areas versteht man die Bevölkerungskonzentrationen mit einer Einwohnerzahl von mehr als 100.000 Bürgern. Wie schnell die kanadischen Städte gewachsen sind, zeigt die Anzahl der Metropolitan Areas, und so zählt man gegenwärtig 25 MAs. Dies sind 10 mehr als bei der Einführung 1951. Rund 80% dieser städtischen Verdichtungsräume werden von der gesamten kanadischen Stadtbevölkerung bewohnt, was einem Anteil von 56% der Gesamtbevölkerung entspricht. Mehr als jeder zweite Kanadier lebt in einer der 25 Metropolitan Areas, d.h. in Städten mit mehr als 100.000 Einwohnern. Jede dieser CMAs erfährt gegenwärtig einen Bevölkerungszuwachs. Zu den Städten mit einem sehr hohen Zuwachs gehören die zum Großraum Toronto (Greater Toronto Area) zählende Stadt Oshawa (18,0%), Vancouver (16,1%), Kitchener (14,5%) und Toronto mit 13,4%.

In einer weiteren Klassifizierung werden die Orte mit einer Einwohnerzahl zwischen 10.000 und 100.000 in Census Agglomeration (kurz CA) zusammengefasst. Die 10 größten Städte (Metropolitan Areas) sind:

I. Ein erster Überblick - Toronto in Kanada

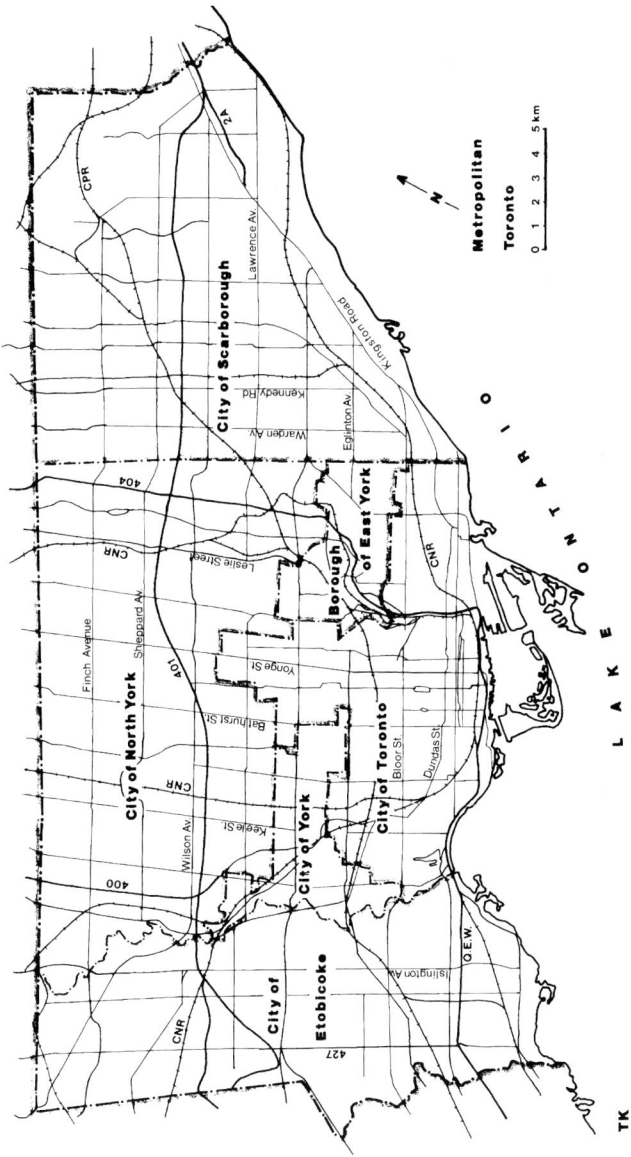

Die 10 größten Städte Kanadas

Stadt	Provinz	Einwohner
Toronto	Ontario	4,26 Mio.
Montreal	Quebec	3,33 Mio.
Vancouver	Britisch Kolumbien	1,83 Mio.
Ottawa	Ontario	1,01 Mio.
Edmonton	Alberta	862.500
Calgary	Alberta	822.000
Quebec	Quebec	672.000
Winnipeg	Manitoba	667.000
Hamilton	Ontario	624.000
London	Ontario	399.000

(Angaben für 1996)

Bei allen Metropolen ist ein starkes Wachstum zu erkennen, und so wird sich die Zahl der Millionenstädte in den nächsten Jahren erhöhen. Betrachtet man neben den aufgeführten CMAs die übrigen, so fällt auf, daß sich diese größeren und bedeutenderen Städte trotz der Siedlungsschwerpunkte im Osten Kanadas über das ganze Land verteilen. Von Ost nach West reihen sich, von Toronto ausgehend, Metropolitan Areas wie Sudbury, Thunder Bay, Winnipeg, Regina, Saskatoon, Galgary, Edmonton bis nach Vancouver und Victoria aneinander.

Die Städte Kanadas lassen sich in eine hierarchische Struktur der großen Metropolen Nordamerikas einordnen. Berücksichtigt wird hierbei die wirtschaftliche, soziale und politische Bedeutung der Stadt. Allen voran steht als Metropole erster Ordnung New York, der Brennpunkt des Finanzwesens und der Börse. Bedeutende Großstädte zweiter Ordnung sind neben den US-amerikanischen Städten San Fransisco, Los Angeles, Chicago, Detroit, Boston, Washington und Philadelphia die beiden kanadischen Städte Montreal und Toronto. Hierbei muß man Toronto im Konkurrenzkampf mit Montreal jedoch eine größere Bedeutung zugestehen. Einzige kanadische Stadt dritter Ordnung ist Vancouver. Gefolgt von einer Reihe kanadischer Städte 4. und 5. Ordnung wie Calgary, Edmonton, Winnipeg, London, Hamilton, Quebec und der Hauptstadt Ottawa.

Eine weitere Hierarchie läßt sich von der Frequentierung der Flugplätze ableiten. In diesem Fall verfügt Toronto über die national höchste Summe der beförderten Fluggäste.

Toronto (CMA), gelegen am Ontariosee im Süden der Provinz Ontario, zählt heute rund 4,3 Mio. Einwohner. Rechnet man das auf die gesamt Einwohnerzahl Kanadas um, so leben rund 14% der kanadischen Bevölkerung in der größten Metropole und rund 40% aller Einwohner in der Provinz Ontario. Die Metropole Toronto, die im ewigen Konkurrenzkampf mit der rund 500 Kilometer entfernten Stadt Montreal stand, konnte dieser in den 80er Jahren den Rang ablaufen und entwickelte sich zum bedeutendsten kanadischen Finanz- und Wirtschaftszentrum, das über seine nationale Bedeutung hinaus auch in Nordamerika einen hohen Stellenwert hat.

II. Lage und Klima Torontos

Lage

Toronto ist die Provinzhauptstadt von **Ontario**, die mit rund 10 Millionen Einwohnern vor der Provinz Quebec mit ungefähr 7 Millionen Einwohnern die größte Provinz Kandas ist. Die Metropole befindet sich im Süden der Provinz, nördlich des Ontariosees. Durch den St.Lorenz-Strom und den Erie-Kanal und Welland-Kanal besteht eine wichtige Verbindung zum Atlantik.

Die erst 1793 gegründete Stadt liegt geologisch-morphologisch im Südontario-Tiefland, einem kleinen Gebiet, das sich südlich an den mächtigen Kanadischen Schild anschließt und von den Großen Seen Huronsee, Eriesee und Ontariosee umgeben ist. Im Norden, Osten und Westen Torontos schließen sich Wälder, Felder und Weiden an. Für die Landwirtschaft bieten der Boden und das Klima günstige Voraussetzungen, und so ist die Metropole Toronto wichtiger Absatzmarkt für die landwirtschaftlichen Produkte.

Zwei Höhenzüge prägen das Landschaftsbild. Im Westen ist es das Niagara Escarpment und im Norden die Oak Ridges Moraine, die für den Großraum Toronto eine bedeutende Wasserscheide darstellt. Nördlich des Höhenzuges münden die Flüsse in den Simcoesee und südlich in den Ontariosee.

Mit einer geographischen westlichen Länge von 79° und einer nördlichen Breite von 43° befindet sich Toronto auf der ungefähren Breite von Rom. Es liegt 172 Meter über dem Meeresspiegel.

Toronto befindet sich in der Zeitzone „Eastern Time" (kurz ET). Daraus ergibt sich eine Zeitverschiebung von -6 Stunden zur Mitteleuropäischen Zeit (MEZ), was gerade für den Urlauber bedeutsam ist.

Klima

Die Metropole Toronto läßt sich in die südlichste Klimaregion der Großen Seen und des St.Lorenz einordnen. Das Klima in Toronto ist noch kontinental mit ausgeprägten Wintern, jedoch haben die Großen Seen mildernde Einflüsse. Diese Kontinentalität läßt sich auch gut aus den starken Unterschieden von Winter- und Sommertemperaturen herleiten. Die Niederschläge verteilen sich fast gleichmäßig auf das ganze Jahr und addieren sich zu 790 mm, was sich ungefähr mit der Niederschlagsmenge in Deutschland vergleichen läßt. Der Wind kommt überwiegend aus südwestlicher, in den Monaten Mai und Juni aus östlicher Richtung. Innerhalb dieser Klimaregion wurden in Toronto mit 40°C die höchsten Sommertemperaturen gemessen. Die normalen Sommertemperaturen belaufen sich durchschnittlich im Juni auf 19,2°C, im Juli auf 21,8°C und im August auf 21,1°C. In den Wintermonaten fällt durchschnittlich im Dezember, Januar und Februar die Temperatur unter den Nullpunkt und hat im Januar mit -4,4°C ihr Minimum. Die niedrigste gemessene Wintertemperatur lag bei -32,8°C. Durchschnittlich fällt an 40 Tagen im Jahr Niederschlag als Schnee. Die Winter in Toronto sind lange nicht so extrem wie in anderen Metropolen, wie z.B. Montreal, Ottawa, Calgary, Edmonton und Winnipeg. Daher läßt sich Toronto auch nicht in die Gruppe der Winterstädte einordnen. Dennoch trotz die Stadt den kalten Wintern mit unterirdischen Fusswegenetz und Skywalks.

Der Sommer in dieser Klimaregion dauert in der Regel länger als in anderen Gebieten Kanadas, was sicherlich auch für den Fremdenverkehr in Südontario und insbesondere in Toronto von Bedeutung ist.

In den Monaten September und Oktober herrschen vielfach Hochdruckgebiete vor, die tagsüber noch warme Temperaturen verursachen, jedoch nächtliche Fröste mit sich bringen. Resultat ist der so beliebte „Indian Summer", bei dem sich durch die frühen Fröste das Laub der Mischwälder färbt und sich ein prächtiges Farbenspiel von Braun-, Rot-, Grün- und Gelbtönen ergibt. Dieses beeindruckende Naturschauspiel gehört zu den Höhepunkten eines Kanadabesuches.

Im Spätherbst setzen häufig starke Stürme ein. Lange Perioden mit Sonnenschein werden durch kürzere zyklonale Regen unterbrochen. Dadurch entsteht eine hohe Luftfeuchtigkeit, die man in Verbindung mit der Luftverschmutzung in Toronto als sehr unangenehm empfindet.

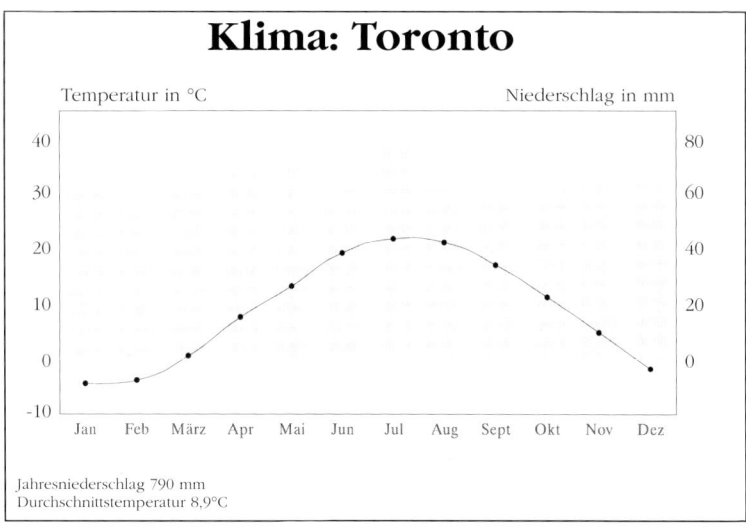

III. Der Großraum Toronto - Greater Toronto Area (GTA)

Einordnung der Metropole in das Stadtsystem

Um der manchmal verwirrenden Zuordnung zur Stadt, zu den Stadtbezirken oder zu dem Großraum Toronto entgegenzuwirken, ist einleitend eine Übersicht sinnvoll.

Toronto Stadt oder - sprachlich geläufiger - die sogenannte **City of Toronto** bildet einen Stadtteil von Metropolitan Toronto (oder Municipality of Metropolitan Toronto) und befindet sich im Zentrum. Das **Metropolitan Toronto** oder kurz Metro Toronto wird aus den Städten **City of Toronto**, **East York**, **Etobicoke**, **North York**, **Borough of York** und **Scarborough** gebildet. Dieses Groß-Toronto wurde 1953 mit einer eigenen Verwaltung geschaffen (heute: 630 km²; ca. 2,5 Mio.Einw.). Die sechs Städte bilden das Städtegebilde „Toronto Census Metropolitan Area" (CMA). Im Zuge der Suburbanisierung wurde das Stadtgebiet mehrmals erweitert und geht heute weit über die Metropolitan Area Toronto hinaus.

Ein weitaus größeres Gebiet ist die Greater Toronto Area (GTA). Die GTA besteht aus 5 Regionen. Vier Regionen umgeben wie ein Halbkreis das dichtbesiedelte Metropolitan Toronto. Es sind (von West nach Ost) **Halton Region**, **Peel Region**, **York Region** und **Durham Region** mit insgesamt 30 Stadtbezirken, den sogenannten „Municipalities". Die GTA umfaßt eine Fläche von rund 7.200 km², auf der heute rund 4,3 Mio. Menschen leben.

Für die GTA wird eine Bevölkerungszahl von rund 6,7 Millionen Einwohnern für das Jahr 2021 prognostiziert, was zahlreiche Probleme mit sich bringen wird.

Die Verwaltung der Greater Toronto Area

Anders als man vielleicht vermutet, verfügt die Greater Toronto Area nicht über eine übergeordnete Verwaltung, und es werden Stimmen laut, für die Greater Toronto Area eine Verwaltung zu errichten, um die gravierenden anstehenden Probleme lösen zu können, denn „the Greater Toronto Area is where we all live now, one big city". Die fünf Regionen (Halton, Peel, York, Durham und Metro Toronto) haben jeweils einen Stadtrat. Hierbei stellt Metropolitan Toronto die einzige Region dar, in der der Stadtrat direkt von den Bürgern gewählt wird. Um jedoch eine Verbindung der einzelnen Stadträte zu schaffen, wurde im April 1988 das „Greater Toronto Area Co-ordinating Committee" (GTCC) gegründet. Seine Aufgabe sieht das Komitee in der Verbesserung der Kooperation, Koordination und Kollaboration.

Eine sinnvolle und bedeutende Einrichtung ist das „Office for the Greater Toronto Area" (OGTA). Aufgrund der anstehenden Probleme durch das immense Stadtwachstum stellt das „Amt für den Großraum Toronto", wie sich der Name dieser Institution über-

Greater Toronto Area im Überblick

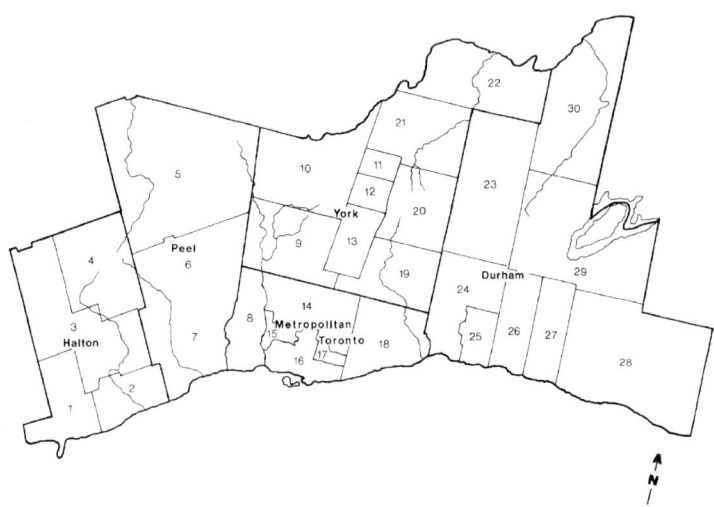

Regionen:
A Metro Toronto
B Halton Region
C Peel Region
D York Region
E Durham Region

Stadtbezirke
1. Burlington
2. Oakville
3. Milton
4. Halton Hills
5. Caledon
6. Brampton
7. Mississauga
8. Etobicoke
9. Vaughan
10. King
11. Newmarket
12. Aurora
13. Richmond Hill
14. North York
15. York
16. Toronto
17. East York
18. Scarborough
19. Markham
20. Whitchurch-Stouffville
21. East Gwillimbury
22. Georgina
23. Uxbridge
24. Pickering
25. Ajax
26. Whitby
27. Oshawa
28. Newcastle
29. Scugog
30. Brock

setzen läßt, eine besonders wichtige Einrichtung dar. Weder die Staatsregierung, die Provinzregierung, die Stadträte der vier Stadtbezirke und der Metropole Toronto noch die 30 Kommunen sind allein in der Lage, Entscheidungen zu treffen, die Toronto „sorgenfrei" machen. Hierbei ist das OGTA ein bedeutender Vermittler und Ansprechpartner. Es führt die betreffenden Regierungen und Ämter an einen Tisch, die dann gemeinsam nach Lösungen suchen, um den Bewohnern weiterhin eine hohe Lebensqualität zu gewährleisten. Das OGTA gibt zahlreiche Broschüren heraus, die über seine Tätigkeiten und die Probleme des Großraumes Toronto informieren. Der Bürger wird auch aufgefordert, seine eigenen Ideen, Kritiken und Lösungsvorschläge miteinzubringen: „... we need your ideas and suggestions..", denn nur Hand in Hand können die zahlreichen gravierenden Probleme behoben werden.

Das Hinterland

Das Umland dieser sehr stark und großflächig urbanisierten Metropole bildet einen starken Kontrast, denn hier ist es ruhiger und natürlich grüner. Die Greater Toronto Area ist von einem größeren Gebiet umgeben, das aus zahlreichen Regionen und Counties besteht. Dieses Umland wird als Hinterland bezeichnet und ist wirtschaftlich und funktionell stark an den Großraum Toronto angebunden.

Das Hinterland erstreckt sich vom Zentrum, der Metro Toronto, rund 200 Kilometer in nördliche, ungefähr 150 Kilometer in östliche und ca. 100 Kilometer in westliche Richtung. Im Norden reicht das Hinterland bis an die Georgian Bay, den südlichen Zipfel der mächtigen Hudson Bay. Im Süden befindet sich das Hinterland zwischen den großen Seen Lake Erie und Lake Ontario und grenzt an den US-amerikanischen Bundesstaat New York. Die Counties verfügen über eine Kernstadt und können als eine suburbane Zone bezeichnet werden. Zu den größeren Kernstädten zählen Waterloo, Brantford, Kitchener, **Hamilton**, St. Catharines, Niagara, Welland, Guelph und Cambridge. Hierbei bilden die Städte Hamilton, St. Catharine-Niagara und Kitchener Metropolitan Areas, da sie mehr als 100.000 Einwohner beheimaten. Zum Hinterland rechnet man folgende Regionen und Counties: Niagara, Brant, Hamilton-Wentworth, Waterloo, Wellington, Duffering, Grey, Simcoe, Muskoka, Northumberland, Victoria, Peterborough and Haliburton. In dem Großraum GTA und Hinterland leben rund 64% (1991) der gesamten Bevölkerung der Provinz Ontario. Im Hinterland sind es rund 2,2 Millionen Menschen, und wie in der GTA nimmt auch hier die Zahl weiterhin zu.

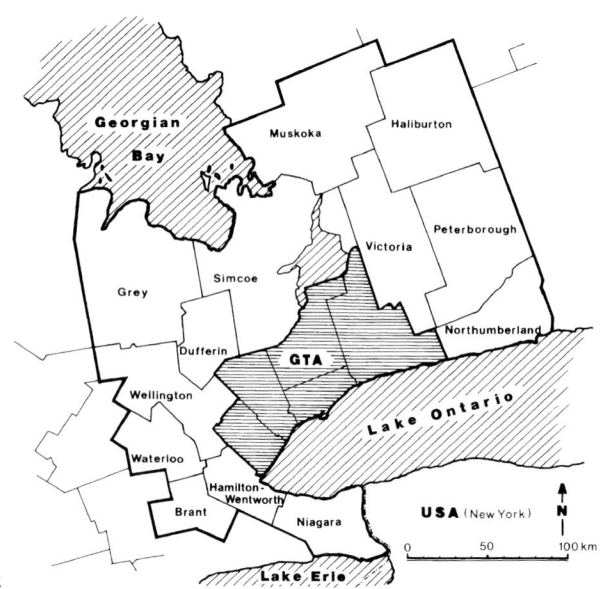

IV. Die Struktur der Metropole - die funktionale Gliederung

Für Europäer sind amerikanische bzw. kanadische Großstädte mit ihren typischen Anzeichen wie den Hochhäusern im Stadtzentrum zwar bekannt, doch die Struktur dieser Metropole weicht stark von den Großstädten Europas ab. Hier spielt nicht nur die kurze Geschichte der nordamerikanischen Metropolen eine wesentliche Rolle.

Toronto weist eine Stadtstruktur auf, die typisch für eine nordamerikanische Stadt ist. Das kanadische Bundesamt für Statistik (Statistics Canada) gliedert Toronto in drei Zonen. Diese drei Zonen, die Unterschiede innerhalb der Stadtregion aufzeigen, sind:

„Central Area", „Mature Suburbs" und „New Suburbs and Fringe". Veränderungen in der jüngsten Vergangenheit, die durch den Bau großflächiger kompakter Neubaugebiete gekennzeichnet sind, weisen auf die Entstehung einer neuen Zone hin, die als „Zone of Compact Urban Form" bezeichnet werden kann.

Das Herz von Toronto - die Central Area (Downtown)

Das pulsierende Herz einer Metropole und eine Art Magnet, der die Bewohner und Stadtbesucher stets anzieht, ist die Central Area, die auch als Downtown bezeichnet wird. Spricht man heute von den mächtigen Nordamerikanischen Metropolen, so denkt man meistens an die riesigen Wolkenkratzer und die dunklen und überfüllten Straßen mit den gestreßt umherlaufenden Bankern - nicht nur ein Klischee. Die Downtown ist der Stadtkern und beinhaltet den zentralen Geschäftsbereich, den sogenannten CBD (Central Business District). An diesen zentralen Geschäftsbereich schließt sich eine Übergangszone (Zone of Transition) an. Es ist eine Art Wohn- und Gewerbering um den CBD. Beide zusammen bilden die Central Area. Diese Zone reicht im Süden bis an den Ontariosee, im Norden geht sie etwas über die Bloor Street hinaus, und im Westen wird die Central Area durch die Bathurst Street begrenzt. Im Osten erstreckt sich diese Zone etwa bis zur Parliament Street.

Die heutige Central Area entspricht dem Toronto, wie es um die Jahrhundertwende bestand. Im Aufriß erkennt man im Mittelpunkt zahlreiche moderne Hochbauten. Es sind überwiegend beeindruckende Hochhauskomplexe (max. 72 geschossig). Die Ansammlung gigantischer Bauwerke entwickelte seit dem Zweiten Weltkrieg eine stetige Dynamik. Immer wieder wurden niedrigere und ältere Häuser abgerissen und durch neue und wesentlich höhere Gebäude ersetzt. Der Verdichtungsprozeß ist längst noch nicht abgeschlossen. Ein aktuelles Beispiel ist der Bau des neuen Hochhauses am Simcoe Place auf dem Gelände eines ehemaligen Parkplatzes in direkter Nachbarschaft zu den gigantischen Bürogebäuden.

Der Abriß von flächeneinnehmender Industrie wie Fabriken und Lagerhäuser weist auf eine Umstrukturierung der Innenstadt hin.

Zu der markanten Skyline von Toronto gehört in erster Linie das höchste Gebäude der Welt, der CN-Tower mit 553 Metern. Weitere gigantische Wolkenkratzer sind die drei Gebäude des Toronto Dominion Centres, Commerce Court, Scotia Plaza, Harbour Castle Hotel, Canada Trust Tower, Royal Bank Plaza und das Gebäude der Bank of Montreal.

Der umgebende Wohn- und Gewerbering (**Zone in Transition**) verfügt über mehrstöckige Bauten, die aber im Vergleich zu den Hochhäusern des zentralen Geschäftsbereiches nicht so imponierende Ausmaße annehmen. In einigen Straßen wie z.B. der Bathurst Street, reihen sich zweistöckige Einfamilienhäuser aneinander, die teilweise in einem sehr schlechten Zustand sind.

Neben seinen physiognomischen Merkmalen unterscheidet sich der zentrale Geschäftsbereich (CBD) auch in seiner Funktion vom Wohn- und Gewerbering.

Im CBD haben sich die Finanzdienstleistungsunternehmen wie Banken, Teilzahlungsbanken, Versicherungsgesellschaften, Investment-Berater und Investment- Händler, Trust Companies und Börsenhändler niedergelassen. Sie prägen das Bild der Metropole als bedeutendstes kanadisches Finanzzentrum. Darüber hinaus beinhaltet der CBD Bereiche wie Einzelhandel, Verwaltung und Gesundheitswesen sowie ein umfangreiches Gaststätten- und Beherbergungswesen. Ein weiteres Kennzeichen der Downtown ist das unterirdische Fußwegenetz mit Einkaufspassagen, die U-Bahn sowie Sehenswürdigkeiten und kulturelle Anziehungspunkte (Theater, Konzertsäle, Museen...). Entlang der Yonge Street, die von Nord nach Süd durch den CBD verläuft, stößt man auf eine große Anzahl von Geschäften und Einkaufspassagen. Die Yonge Street hat eine Funktion als Einkaufsgebiet, die weit über die Stadtgrenzen hinaus geht, und so kommen Einkäufer aus ganz Südontario. In der Yonge Street sind die Geschäfte, in denen Billigware angeboten wird, zahlreich. Das Eaton Centre distanziert sich mit dem modernen verspiegelten Eaton Tower von den gegenüberliegenden (östlich der Yonge Street gelegenen) Geschäften. Hier stehen ungepflegte, 2-5 geschossige Altbauten, die einen starken Kontrast bilden.

Das Eaton Centre ist ein Einkaufszentrum in der Yonge Street, eine gigantische Shopping Mall, die sich über fünf Ebenen erstreckt, rund 320 Einzelgeschäfte zählt und über einen direkten U-Bahnanschluß verfügt. Es wurde 1979 nach dem Vorbild der Galleria in Mailand gebaut. Wöchentlich zieht dieses Einkaufszentrum rund 800.000 Besucher an. Ebenfalls an der Yonge Street, nördlich des Eaton Centres, liegen mit College Park sowie Hazelton Lanes (nördlich der Bloor Street an der Avenue Road) und südlich an der Harbourfront mit dem Queen's Quay Terminal (QQT) weitere Shopping Malls. Eine Konzentration von Geschäften findet man neben der Yonge Street entlang der Bloor Street im Norden von Downtown Toronto. Hier verfügen zahlreiche angesehene Einzelhändler über exklusive Geschäfte wie Juweliere, Top-Modegeschäfte usw.

Der CBD ist somit ein wichtiger Sitz vieler Firmen des tertiären und quartären Sektors. Für diese Firmen ist eine Adresse im Zentralen Geschäftsbereich mit Prestige verbunden. Daher sträuben sich viele angesehene Firmen, ihren Sitz aus dem CBD in die Suburbs zu verlagern. Auch wenn eine gravierende Verlagerung sich noch nicht eingestellt hat, so ist im Zuge des raschen Bevölkerungswachstums und der damit verbundenen Suburbanisierung eine Ansiedlung von Firmen und ihren Sitzen in den Subzentren (Etobicoke, North York, Scarborough) zu verzeichnen. Die Dezentralisierung schafft in der Downtown einen Bedeutungsverlust, der durch die sinkenden Bodenpreise und die zahlreichen leerstehenden Büroräume verdeutlicht wird. Dieser „Niedergang" ist jedoch auch eine Folge der Rezession. Dennoch fallen weiterhin die wenigen Freiflächen, die überwiegend als Parkflächen genutzt werden, dem Bau schlanker Wolkenkratzer zum Opfer. Jüngstes Beispiel ist der stark frequentierte Simcoe Place, auf dem zur Zeit ein weiterer Betonriese gebaut wird.

Behörden und Verwaltung konzentrieren sich in einem Gebiet an der Ecke der University Avenue und der Queen Street sowie an der Ecke King Street/John Street. Im Mittelpunkt steht hierbei das 1965 erbaute Rathaus, das auf dem Nathan Phillips Square steht und besonders durch seine eigenwillige Architektur besticht.

Die neue City Hall und die moderne und erst 1992 fertiggestellte Metro Hall sowie das Ontario Regierungsgebäude übernehmen die administrativen Funktionen im CBD. Bildungszentrum ist die Universität (1827 gegründet) im Norden des CBDs, die auch „Harvard of the North" genannt wird. Das großflächige Universitätsgelände wird begrenzt durch die College Street, Spadina Avenue, Bloor Street und Bay Street. Insgesamt studieren an den drei Universitäten von Toronto, den sogenannten „U. of T.", rund 53.000 Studenten. Ein Krankenhauszentrum liegt südlich vom Queen's Park. Hier reihen sich entlang der University Avenue sechs bedeutende Krankenhäuser. Entlang der Bloor Street konzentrieren sich die Büros, wobei insbesonders die Versicherungen eine dominierende Rolle spielen. Darüber hinaus ragen an der Bloor Street, die im Vergleich zur bedeutenderen Yonge Street wesentlich attraktiver ist, riesige Hotels in den Himmel. In den letzten Jahren entstanden an der Bloor Street große Bürohochhäuser (z.B. Perrinstower, New York Life Centre, Xerox Centre), die das Stadtviertel Bloor/Yorkville aufwerten. Die Bay Street verfügt über zahlreiche Gebäude, in denen Finanzunternehmen, Investment-Firmen, Rechtsanwälte und Börsenmakler untergebracht sind. Weitere wichtige Einrichtungen des zentralen Geschäftsbereiches sind das Ryerson Polytechnische Institut, das Ontario College der Kunst, das Kommunikations-College (liegen außerhalb des erwähnten Universitätsgeländes), die Kunstgalerie und einige bedeutende Museen, Konzertsäle und Theater.

Der CBD hat die höchsten Bodenpreise und Mieten, und innerhalb Nordamerikas müssen die zweithöchsten Haus- und Grundsteuern entrichtet werden. Seit dem Zweiten Weltkrieg ging die Bevölkerung innerhalb des zentralen Geschäftsbereiches zurück, jedoch stieg die Anzahl der Haushalte. Dies war nur möglich, da sich Ein- oder Zweipersonenhaushalte bildeten und Familien in den Vorstädten bauten oder eine günstigere Wohnung mieteten. Die Wohnungen in der „Downtown" (hauptsächlich Apartments) werden überwiegend von Junggesellen, Rent-

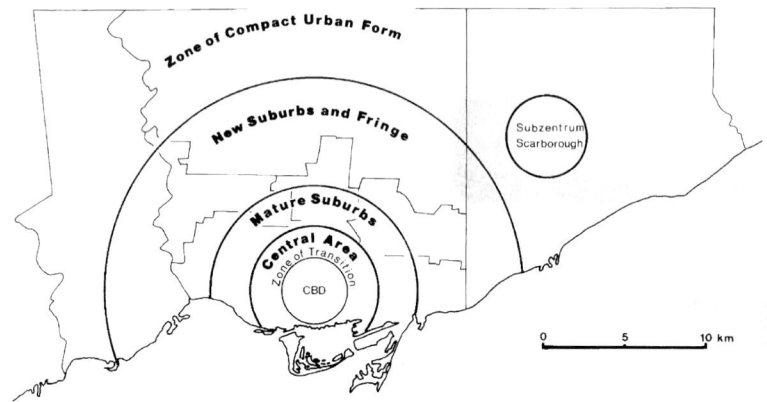

nern und kinderlosen Ehepaaren bewohnt. Während 1951 Ein- und Zweipersonenhaushalte lediglich 6% ausmachten, stieg die Zahl 1971 auf 23% und im Jahr 1981 auf 37%. Heute geht man von einer weitaus höheren Zahl aus. Diese riesigen Apartmentblöcke (bis zu 30geschossig) kann man sehr leicht von den Bürohochhäusern unterscheiden. Sie verfügen über Balkone und sind nicht verspiegelt. Auf eine Konzentration von „Wohnblöcken" stößt man zwischen der Yonge Street und der Church Street, südlich der Maitland Street. Das Bedürfnis nach einer Wohnung in der Downtown wird fast ausschließlich durch die Hochbauten mit ihren unzähligen und anonymen Apartments gestillt. Eine Besonderheit stellen die kleinen Einfamilienhäuser dar, die sich im Schatten der Hochbauten aneinanderreihen und über kleine Vorgärten verfügen. Beispiele hierfür sind Grandby Street, Bathurst Street und Dundonald Street. Spaziert man entlang dieser kleinen Wohnhäuser, glaubt man sich in eine englische Kleinstadt versetzt.

Rund um die Downtown - der Wohn- und Gewerbering

Um den nicht nur optisch im Zentrum stehenden CBD erstreckt sich eine Übergangszone, der Wohn- und Gewerbering (Zone in Transition). Hier dominiert die Wohnfunktion. Dieser Ring erstreckt sich südlich der Eisenbahnlinie, westlich der Bathurst Street, östlich der Parliament Street und nördlich der Bloor Street. Eine Ausnahme stellt jedoch St.James Town dar. Hierbei handelt es sich um ein in den 60er und 70er Jahren entstandenes reines Wohnviertel mit Hochhauskomplexen, das im Nordosten der Downtown innerhalb der aufgeführten, abgrenzenden Straßen liegt.

Die Bodenpreise und Mieten im Wohn- und Gewerbering sind geringer

IV. Die Struktur der Metropole - die funktionale Gliederung

Wohn- und Gewerbering

als die im CBD, jedoch wesentlich höher als in den umgebenden „Suburbs". Es gibt jedoch einige Ausnahmen, insbesondere bei alten Wohngebäuden, die sich in unmittelbarer Nachbarschaft zu Eisenbahnarealen, Industrien, Parkplätzen, Hafenanlagen und Lagerhäusern befinden. Aufgrund des relativ schlechten Zustandes sind die Mieten gering, und die Häuser werden zu einem großen Anteil von Immigranten bewohnt. Die jüngste Entwicklung zeigt, daß versucht wird, im Rahmen der Stadterneuerung die Wohnhäuser zu sanieren. Hierbei werden alte, teils verwahrloste Häuser von Maklern aufgekauft und zu exklusiven Stadthäusern (townhouses) umgebaut. Dieser Stadterneuerungsprozeß wird als „Sandblasting" oder „Gentrification" bezeichnet. Im Zuge der Stadterneuerung wurden auch Lagerhallen am Hafen (südlich der Eisenbahnlinie) zu modernen Restaurants und Geschäften umgebaut.

Sehr moderne Apartmenthäuser, die als Condominiums bezeichnet werden, sind in den letzten Jahren an einem Bereich der Harbourfront, der „Central Bayfront" entstanden. Bereits in den 70er Jahren sind hier mit dem „Harbour Square" zwei luxuriöse Apartmenthochbauten konstruiert worden. Zusammen verfügen die beiden Bauten über 1.140 Wohnungen sowie über Einrichtungen wie Fitnessräume und Hallenbad. In unmittelbarer Nachbarschaft entstand das riesige 40geschossige Luxushotel „Westin Harbour Castle". Weitere Wohnblöcke an der Harbourfront sind die Harbourpoint Condominiums, jene drei Wohnhochhäuser, die auf vier Ebenen durch Parkhäuser verbunden sind. Neben der Nähe zur Downtown verfügen diese Condominiums auch über einen unverbauten Blick auf den Ontariosee. Diese herrliche Aussicht muß jedoch sehr teuer bezahlt werden, und so liegen die Mieten weit über den Mieten, die in den älteren Apartments in der Downtown erbracht werden müssen. Kinder und ältere Leute sind in den modernen Condominiums an der Bay Front unterrepräsentiert, und das jährliche Einkommen der Haushalte ist fast doppelt so hoch wie das durchschnittliche Einkommen in der Metropolitan Area. Die Werbung und die Gestaltung der modernen Wohnungen soll in erster Linie die „DINKs" (Double Income No Kids), Personen mit doppeltem Einkommen und ohne Kinder ansprechen.

Der Vorstadtring (Mature Suburbs)

Fast übergangslos schließen sich an den Wohn- und Gewerbering die „Mature Suburbs" an, was sich sich mit Vorstadtring übersetzen läßt. Sie entspricht in etwa dem Gebiet, das in der Zeit zwischen der Jahrhundertwende und dem Ende des Zweiten Weltkrieges entstanden ist. Hier steht die Wohnfunktion im Vordergrund. Durch die zunehmende Mobilität durch Straßenbahn, Automobil und später durch die U-Bahn konnten viele Leute aus dem Kernbereich in den Vorstadtring ziehen und dort ihr Haus bauen bzw. mieten. Überwiegend Bürger der Mittelschicht verließen den Kernbereich und kauften Grundstücke mit einer durchschnittlichen Parzellengröße von 18x36 Meter. Die unterschiedlichen Parzellengrößen wiesen auf die Zugehörigkeit zu der sozialen

Schicht hin. Auch heute weisen die Größe des Grundstückes/des Hauses, die Anzahl der Garagen, ein Schwimmbad oder ein Tennisplatz auf die soziale Stellung des Besitzers hin. Die Bebauung in diesem Vorstadtring ist überwiegend aufgelockert mit ansprechenden Häusern und Grünanlagen.

Zu dem Vorstadtring muß auch die sogenannte „Waterfront" gezählt werden. Diese Waterfront wird gebildet von den Hafenanlagen und der vorgelagerten Insel südlich der Central Area. Auf der Insel befinden sich neben dem Toronto Island Airport auch Villensiedlungen und eine Trinkwassergewinnungsanlage. Toronto Island ist ein beliebtes Ausflugsziel und hat eine wichtige Funktion als traditionelles Erholungsgebiet mit Stränden, Spielwiesen, Sporthäfen und Wanderwegen. Toronto Island erreicht man durch eine Fährverbindung von der Central Bayfront aus.

Die Zone der Vororte und des Umlandes (New Suburbs and Fringe)

Um den Vorstadtring, den „Mature Suburbs", schließt sich zeitlich und räumlich die dritte Zone „New Suburbs and Fringe" an, was sich mit „Neue Vororte und Umland" übersetzen läßt. Sie entstanden nach dem Zweiten Weltkrieg. Bedingt durch einen starken Bau-Boom, der aus einer starken Zuwanderung, einem Baby-Boom, einem gravierenden Ausbau des Verkehrsnetzes und der Zunahme der Verkehrsmittel (insbesondere Auto) sowie durch Förderungspläne für den privaten Wohnungsbau resultierte, konnten neue Vororte entstehen. In dieser dritten Zone vollzieht sich die flächenmäßige Ausdehnung Torontos. Die Besiedlung erfolgte zunächst entlang der neuen Schnellstraßen, die in das Zentrum führen. Der Bau-Boom und die dadurch verbundene explosionsartige Ausdehnung der Stadt wird in dem Zeitungsartikel „Boom Town Metro", erschienen 1963 im „Toronto Star", wie folgt beschrieben:

„Entering the bigtime with a bang, Metro Toronto boasts: It's growing faster than New York, is richer than Montreal, is the brightest, boldest, lustiest city in Canada...and, 10 years after its formation, is just beginning to come alive".

Während 1961 rund 51% der Bürger Torontos in den neuen Gebieten der Vorstädte lebten, verzeichnete man im Jahre 1976 rund 72%. Gegenwärtig leben rund 20% der Bevölkerung in der Innenstadt Torontos und 80% in den sogenannten „Suburbs".

Allein in den 5 Jahren zwischen 1976 bis 1981 nahm das Stadtgebiet um 20% zu. Nach dem Krieg entstanden die geplanten Vororte, die sogenannten New Towns wie Don Mills (1953) und Pickering im Osten Torontos sowie Erin Mills, Meadowvale und Bramalea im Westen. Eine Art Pionier auf dem Gebiet der New Towns ist die Stadt Don Mills, die 1953 entstand. Dieses Paradebeispiel wurde vielfach kopiert und ist gekennzeichnet durch Versorgungseinrichtungen in Form einer Mall im Stadtzentrum, einen umgebenden Ring von Wohnhochhäusern und einen anschließenden Bereich mit kleinen Einfamilienhäusern. Die Entwicklung der heutigen New Towns basiert bei den neueren Vorstädten auf dem New Town Community Program, das 1973 von der

Bundesregierung ins Leben gerufen wurde und ein Gegenmittel zum Städtewachstum darstellen sollte. Die Verlagerung der Bevölkerung in die Vorstädte, die Suburbanisation, wurde zu einem Charakteristikum nordamerikanischer Städte. Es erfolgte eine Dezentralisierung. Einige Firmen verlagerten ihren Sitz in die New Towns, und die Zahl der Arbeitnehmer im CBD sank. Am Beispiel von Don Mills ist als wichtiger Arbeitgeber das große IBM-Werk zu sehen, das sich südlich an die Stadt anschließt. Diese Dezentralisierung wurde dadurch verstärkt, daß die Bodenpreise in den suburbanen Bereichen sehr günstig waren und somit Firmen dazu bewogen, einen Industriepark zu errichten. Es siedelten sich die Leicht- und Konsumgüterindustrie, Elektrotechnik, Apparatebau, Fahrzeugbau (Ford, Chrysler, GM) und andere an. Darüber hinaus verlagerten sich auch Dienstleistungsunternehmen, verstärkt durch die verbesserte Telekommunikation, in die „Suburbs". Für viele Firmen stellt jedoch die Verlagerung aus der teuren Downtown in ein Subzentrum einen folgenschweren Imageverlust dar.

Besonders eindrucksvoll sind die großen Apartmentblocks in unmittelbarer Nähe der U-Bahn Stationen, wie z.B. in Eglinton im Norden Torontos und Islington in Etobicoke. So hat eine große Anzahl von Bürgern eine gute Anbindung zum Stadtkern und zu ihrem Arbeitsplatz.

Neue Shopping-Center, Kinos, Schwimmbäder, medizinische Einrichtungen usw. in den Vororten machen die Fahrt zur „Downtown Toronto" nicht mehr notwendig, und auch die Arbeitsplätze liegen seit 1974 (51%) zum größeren Teil in den neuen Vorstädten und nicht mehr im CBD. Heute hat die Bebauung jedoch die Stadtgrenzen von Metropolitan Toronto erreicht, und die wenigen Freiflächen werden nun in Anspruch genommen. Lediglich in der nordöstlichen Ecke von Metro Toronto ist mit dem großen Areal des Metro Zoo eine Fläche nicht bebaut. Aus Spekulationsgründen werden aber weiterhin große Grundstücke nicht bebaut. Das überwiegend von Farmern aufgegebene Land wird nicht mehr landwirtschaftlich genutzt, was bei fruchtbaren Böden nicht ohne Folgen bleibt. Dieses „Überspringen freier Flächen" wird auch als „Leapfrogging" bezeichnet und hat u.a. Auswirkungen wie z.B. verlängerte Anfahrtswege und bietet ein ungeordnetes Landschaftsbild.

In den Gebieten des Umlandes und der Vororte, die sich entlang des Ontariosees erstrecken, hat sich in erster Linie die Industrie niedergelassen. In den Hafenbereichen trifft man auf Getreidemühlen, Zuckerraffinerien, Brauereien, metallverarbeitende Betriebe und Chemie-Fabriken. In dem Stadtteil Etobicoke, im Westen der City of Toronto, liegt der stark frequentierte Flughafen Lester B.Pearson International. In der Nähe des Flughafens sind weitere Industriegebiete entstanden.

Zone der „Compact Urban Form"

Die jüngste Zone erstreckt sich um die „New Suburbs and Fringe" und wurde noch nicht näher definiert. Diese Zone, die innerhalb des Großraumes Toronto, der Greater Toronto Area, ein identisches Erscheinungsbild hat, kann man schon sehr deutlich aus dem Flugzeug erkennen. Diese junge Zone könnte

IV. Die Struktur der Metropole - die funktionale Gliederung

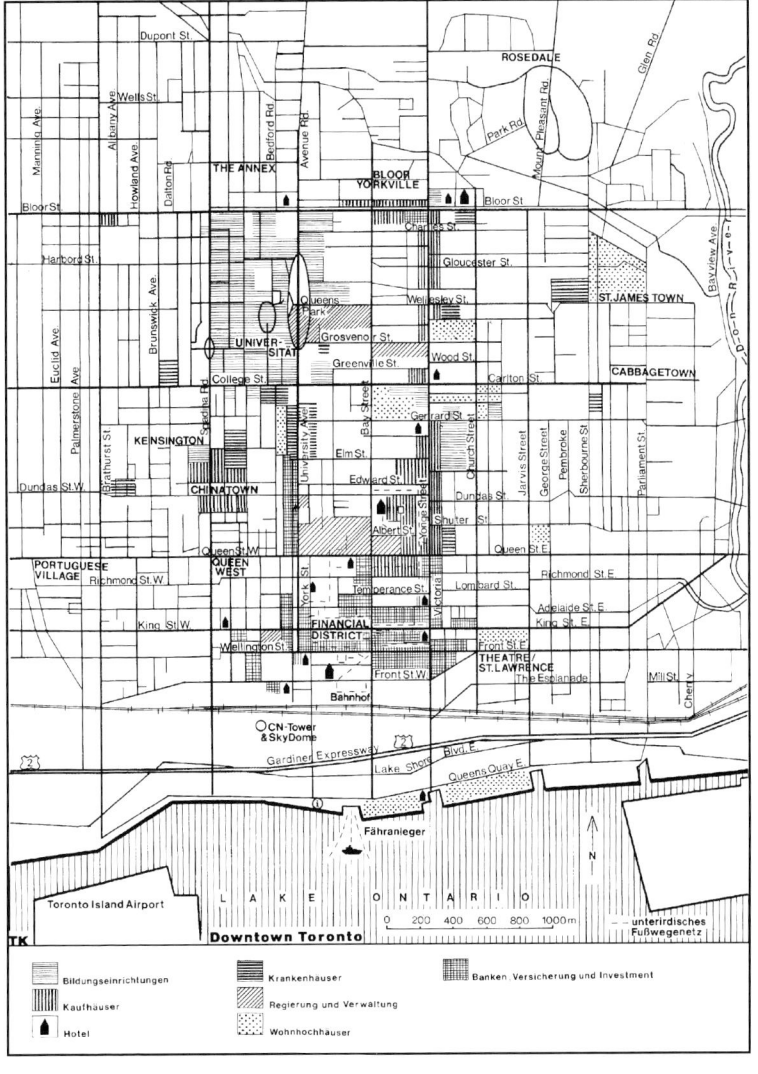

Zone der „Compact Urban Form"

man als „Zone der Compact Urban Form" bezeichnen, ein Begriff, der nicht nur Stadtplanern und Architekten vertraut ist.

Rund um die Städte entstehen in kürzester Zeit Neubaugebiete, die große Flächen einnehmen und sehr monoton gestaltet werden. Sie vermitteln, wie der Begriff „Compact Urban" schon sagt, ein sehr kompaktes Bild. Auf kleinen Parzellen stehen, in einem Abstand von nur 1 bis 11/2 Meter, zweigeschossige Neubauten (Reihenhäuser sind sehr selten). Während ältere Einfamilienhäuser sehr breit sind und über einen großen Garten hinter dem Haus verfügen, sind die kompakten Bauten sehr tief und haben eine kleine Rasenfläche vor dem Haus sowie einen bescheidenen Garten hinter dem Haus. Auch wenn diese neuartigen Wohnhäuser, die komplett schon ab 129.000 kanadische Dollars zu haben sind, recht gedrungen wirken, sind sie dennoch räumlich großzügiger gestaltet als die durchschnittlichen Einfamilienhäuser in Deutschland. Da diese Neubausiedlungen in dem Großraum Toronto den gleichen Richtlinien unterliegen, fehlt den zahlreichen neuen Gebieten ein eigener Charakter.

Fährt man in die Peripherie, so stößt man auf unzählige Neubaugbiete. Großflächige Gebiete sind in den letzten Jahren u.a. in Malvern (Stadt Scarborough, in der Nähe des Metro Zoos), rund um Bramalea (Brampton), Erin Mills und Meadowvale (Mississauga) bebaut worden. In Bramalea sind bemerkenswerte Siedlungen mit Musterhäusern entstanden, die zu den größten der Welt gehören.

Die Neubaugebiete sind reine Wohnsiedlungen. In der Nähe wurden große Supermärkte und Malls gebaut, um den Bedarf der Bewohner zu decken.

Mit dem Konzept der Compact Urban Form verfolgen Stadtplaner das Ziel, den Landverbrauch möglichst zu minimieren. Allerdings muß der Verbrauch von wichtigem Agrarland, bei jährlich zwischen 15.000 bis 18.000 entstehenden Parzellen, kritisch betrachtet werden. Darüber hinaus werden sich die Verkehrsprobleme durch die periphere Lage noch verschärfen. Geringe Entlastung wird der geplante und teilweise im Bau befindliche Highway 407 bringen. Eine wesentlich intensivere Nutzung der Fläche wird durch Hochhausbauten mit großen Wohnungen, den sogenannten Condominiums, erreicht. Allerdings stößt man in dieser Zone nur sehr selten auf Wohnblöcke mit Condominiums.

V. 200 Jahre Toronto - die kurze Geschichte einer kosmopolitischen Metropole

Die ersten Siedler waren Indianer - die Gründungszeit

Gegen Ende des 17.Jahrhunderts hatten die Huron Indianer am Ostufer des Flusses Humber einen kleinen Handelsstützpunkt. In ihrer Sprache bedeutete **Toronto** „Treffpunkt". Das Treffen bezog sich auf zwei Gewässer, den Humber River, der in den Ontariosee mündet.

1720 errichteten die Franzosen an der Mündung des Humbers ein Fort, das ursprünglich Fort Rouillé genannt, aber im Jahre 1750 in Fort Toronto umbenannt wurde. 1789 drohte das Fort in die Hände der feindlichen Engländer zu fallen. Um dies zu vermeiden, gab der Kommander die Order, das Fort in Brand zu stecken. Heute erinnert lediglich ein Granitmonument an das französische Fort.

1787 erhielt der Gouverneur Lord Dorchester in einem Abkommen mit den Missisauga Indianern ein Gebiet zwischen den Flüssen Humber und Don. Für dieses 250,880 acres große Gebiet entwickelte Dorchester einen Plan für die Anlage von Stadt und Hafen.

1793 fuhr John Graves Simcoe, der Gouverneur von „Upper Canada", mit seinem Boot entlang der Bay von Toronto und zeigte sich beeindruckt von dem dichten Wald, der sich bis zum Ufer des Ontariosees erstreckte. Im Juli 1793 kam er mit seiner Familie und zahlreichen Rangern in dieses Gebiet zurück und ließ sich nieder. Zunächst wurde das Fort York gebaut. Es sollte den Eingang der Toronto Bay schützen. 1795 waren schon große Flächen gerodet und primitive Straßen angelegt, auch war das Land bereits in quadratische Einheiten eingeteilt. Wie einfach die Straßen waren, verdeutlicht einer der ersten Beinamen Torontos: „Muddy York" (Schlammiges York). Ausgangspunkt für die Siedlung Toronto war ein kleines Rechteck, das sich östlich der heute nach Norden führenden „Yonge Street" befand. Diese kleine Siedlung in der Nähe des Sees wurde zunächst als Huldigung des Dukes von York mit dem Stadtnamen „York" bedacht.

Nördlich stockte die Ausdehnung aufgrund dichter Wälder, und zunächst wuchs York lediglich in westliche Richtung. Rund um York war das Land in große Besitzeinheiten, die sogenannten „park lots" eingeteilt. Als 1796 der für die Gründung Torontos so wichtige Gouverneur Simcoe Kanada verließ, hatten die „Queen's York Rangers" bereits eine breite Fläche gerodet, die sich entlang der nach Norden führenden „Yonge Street" erstreckte. Da sich die erwähnten Besitzeinheiten (park lots) von Süden nach Norden erstreckten und neben der Yonge Street auch die Spadina Avenue und die später so benannte University Avenue in nördlicher Richtung angelegt wurden, fand eine Vernachlässigung der Ausdehnung in Ost-West-Richtung statt. Toronto bzw. York bildete sich so in nördliche Richtung aus, mit Straßen, die parallel zueinander verliefen. Eine weitere wichtige Straße war die King Street, die mit der Yonge Street Mitte des 19.Jahrhunderts zu den großen Einkaufsstraßen zählte.

Zu den bedeutenden Daten des noch jungen Ortes York gehört das Jahr 1805 mit der ersten Zusammenkunft des Parlamentes und 1807 mit der Öffnung der ersten Kirche. Es war eine anglikanische Kirche an der Ecke von King und Church Street, inmitten des Dorflebens.

1812 wurde Fort York von den Amerikanern angegriffen, die die britischen Besitzungen von Upper Canada erobern wollten. Die kleine Stadt wurde besetzt und das Fort zum Teil niedergebrannt. Den Flammen fiel auch das Parlamentsgebäude zum Opfer. 1814 wurde Fort York erneut angegriffen, konnte jedoch den amerikanischen Angriffen standhalten. 1827 wurde die erste Universität Kanadas gegründet. Anfang des 19.Jahrhunderts zählte York nur wenige Hundert Einwohner, 1800 lebten lediglich 403 Bürger in York. In den folgenden Jahrzehnten verlief das Wachstum der Stadt vergleichsweise zügig, und die erbauten Häuser und öffentlichen Gebäude besaßen beeindruckende Größen und Baustile. Dominierender Baustil war der Georgische Stil aus dem England des 18.Jahrhunderts. Ein weiterer bedeutender Schritt war die Eröffnung des Erie-Kanals im Jahre 1825 und die spätere Eröffnung des Welland-Kanals (1829). Hierdurch bestand ein Wasserweg von Toronto bis nach New York bzw. bis zum Atlantik.

Am 6.März im Jahre 1834 wurde York wieder in Toronto umbenannt und zählte zu diesem Zeitpunkt 9.254 Bürger. In den 30er Jahren des 19.Jahrhunderts zog es Juden aus den USA und Europa nach Toronto, und sie prägten schon sehr früh das spätere Merkmal der multikulturellen Metropole.

Stadtgeschichte von 1850 bis 1900 - Toronto wird Provinzhauptstadt

In der zweiten Hälfte des 19.Jahrhunderts entwickelte sich die Stadt Toronto in Bezug auf Einwohnerzahl und Flächenausdehnung sehr schnell, und so lebten 1851 in der Stadt rund 30.000 Einwohner (Kanada insgesamt 2,3 Mio. Einw.). Unterstützt wurde die Entwicklung durch den Bau der Eisenbahn in den 50er Jahren. Die Eisenbahnlinie trennte die Stadt vom See ab, und in dem Bereich zwischen See und Eisenbahnlinie siedelte sich die Industrie und der Großhandel an. Ein bedeutender Industriebetrieb war der Landmaschinenhersteller Massey-Harris.

Wie die Eisenbahnlinie, so bewirkte auch die Einführung der Straßenbahn (1861) einen Ausbau der Stadt. Zunächst wurden die Straßenbahnen noch von Pferden gezogen, später jedoch elektrifiziert. Das Stadtgebiet konnte ausgedehnt werden, und es entstanden die ersten Vororte. In den Vororten wie Parkdale, Yorkville und Rosedale siedelten sich überwiegend finanzkräftige Bürger an. Die Ausdehnung des Stadtgebietes erfolgte jedoch zunächst entlang der Verkehrsachsen.

Am 12.April 1858 wurde Toronto von verheerenden Stürmen heimgesucht. Bei diesem Unwetter wurde die Halbinsel, das heutige Toronto Island, vom Festland abgetrennt.

In dem historisch bedeutenden Jahr 1867, in dem Kanada von Großbritannien die Unabhängigkeit erhielt, wurde Toronto die Hauptstadt der Provinz Ontario und übernahm die Funktion als Handels- und Wirtschaftszentrum. 1879 wurde in Toronto das erste Telefonnetz eingerichtet.

Mit der raschen Ausdehnung, insbesondere in den letzten drei Dekaden des 19.Jahrhunderts, entwickelte sich auch eine Stadtstruktur. Diese funktionale Struktur war gekennzeichnet durch das Industriegebiet südlich der Bahnlinie und den Geschäftsbereich im Umkreis der Yonge Street. Hier wurden die ersten großen Kaufhäuser von Timothy Eaton (1883) und Robert Simpson (1894) gegründet. Im Bereich der Bay Street und der King Street siedelten sich zahlreiche Banken und Finanzinstitutionen an. Durch den Bau des Rathauses, der heutigen Old City Hall (fertiggestellt im Jahre 1899), kam diesen Straßenzügen eine weitere Funktion als Dienstleistungs- und Verwaltungszentrum zu. Im Kern der Stadt hatte, wie auch in anderen Städten, die Herstellung von Textilien ihren Standort. In dem Außenbereich erfüllten die Vororte wie Rosedale, Yorkville und Parkdale die Wohnfunktion für überwiegend der oberen sozialen Schicht angehörende Bürger. Sie konnten dank der elektrischen Straßenbahnen den Stadtkern gut erreichen.

Gegen Ende des 19.Jahrhunderts profitierte Toronto dann auch vom Buntmetallvorkommen in den nördlichen Gebieten Ontarios. Der Handel und die Förderung wurde von Toronto aus kontrolliert.

Neben Toronto brachte die Industrialisierung, die um 1890 einsetzte, auch Montreal den Aufschwung. Beide Städte waren gleichzeitig wichtige Finanzzentren Kanadas.

Die erste Hälfte des 20.Jahrhunderts - „Toronto the Good"

Mit etwas mehr als 208.000 Einwohnern (1901) ging die Stadt in das 20.Jahrhundert. In Kanada lebten zu dieser Zeit rund 5,4 Mio. Menschen. Wirtschaftlich gefestigt lieferte die vielseitige Industrie vor allem Eisengußwaren und Maschinen, Schiffe, Leder, Mehl und Genußmittel. Bereits gegen Ende des vorigen Jahrhunderts wurde Toronto neben Montreal ein bedeutendes kanadisches Finanzzentrum. Baulich wurde dies jedoch erst in den Jahren vor dem Ersten Weltkrieg sichtbar, und so entstanden für die damalige Zeit beeindruckende Hochbauten in dem Bereich der Yonge Street und King Street. In diesem Gebiet, das heute noch der „Financial District" ist, wurde das 20 geschossige Bürogebäude der Royal Bank (1913-14), die Dominion Bank (1913-14) und die Traders Bank (1905-06) erbaut. Bereits zu dieser Zeit wurden die im Vergleich zu den heutigen „Riesen" recht kleinen Hochbauten als „Skyscraper" bezeichnet. Zu einem wichtigen Datum der Stadtgeschichte gehört das Jahr 1922. In diesem Jahr gewannen Dr.Charles Best und Dr.Frederick Banting von der University of Toronto das erste Insulin und sicherten der bedeutenden Bildungseinrichtung einen guten Ruf.

Um die Jahrhundertwende war Toronto eine weiße, angelsächsische und protestantische Stadt, die durch den Puritanismus geprägt wurde. Alkohol wurde nur in geringen Maßen genossen, und Sportereignisse sowie andere Formen der Unterhaltung waren der Stadt fremd. Diese „tugendhafte" Stadt erhielt so den Beinamen „Toronto the Good". Es dauerte einige Jahrzehnte, bis dieser Puritanismus schwand, erst gegen Ende der 40er Jahre wurden Nachtlokale (1947) zugelassen, und erst seit 1950 finden sonntags regelmäßig Sportveranstaltungen statt.

In der ersten Hälfte des 20.Jahrhunderts wurden die kommerziellen Aktivitäten der Stadt intensiv fortgesetzt, und Toronto baute seine Funktion als Finanzzentrum des Bergbaus aus. Diese Bedeutung wurde durch den Bau großer Bürogebäude unterstrichen und imposant dargestellt. 1929 wurde das Royal York Hotel, ein gigantischer Hotelkomplex, an der Front Street erbaut. Mit rund 1.400 Zimmern ist es gegenwärtig das größte Hotel des Commonwealth. Ein weiteres beeindruckendes Gebäude entstand 1931 in der King Street. Es ist das Hochhaus der Bank of Commerce, das während der folgenden 30 Jahre mit 32 Stockwerken das höchste Gebäude des Commonwealth blieb und mit dem Royal York Hotel die Silhouette Torontos bestimmte.

In fünf Jahrzehnten schnellte die Einwohnerzahl nach oben und stieg von rund 208.000 für 1900 auf eine Million kurz nach dem Zweiten Weltkrieg. Begünstigt wurde die Ausdehnung der Stadt durch das Auto, das sich als Massenverkehrsträger in den 20er Jahren durchsetzte und den Bürgern eine Anfahrt aus den Vororten ermöglichte. Entlang der größeren Straßen, die direkt in die Stadt führten, entstanden Vororte, die überwiegend von Arbeitern bewohnt wurden. Im Anschluß an den Stadtbereich wurden in den 30er Jahren auch einige Areale erschlossen, in denen überwiegend Einzel- oder Doppelhäuser entstanden. Die Häuser wurden zum größten Teil von Bürgern aus der unteren und mittleren Einkommensgruppe bewohnt. Keine andere nordamerikanische Stadt konnte in dieser Zeit so viele Hausbesitzer aufweisen wie Toronto.

Kontinuierlich stieg die Dichte der Stadtbevölkerung und wurde in den 30er Jahren in Nordamerika lediglich von New York City und Jersey City übertroffen.

Kriegsende bis zur Gegenwart - Toronto wächst unaufhaltsam

„Unaufhaltsam wächst die Stadt weiter und ein Ende ist noch nicht in Sicht". Mit diesem kurzen Zustandsbericht könnte man die Situation Torontos der letzten fünf Dekaden bezeichnen, denn in der zweiten Hälfte dieses Jahrhunderts erfuhr Toronto ein Wachstum, das die bisher verzeichnete flächenmäßige Ausdehnung der Stadt und den Anstieg der Stadtbevölkerung in den Schatten stellte. Die Bevölkerungszahl stieg von rund einer Million unmittelbar nach dem Ende des Zweiten Weltkrieges auf mehr als 4,3 Millionen im Jahr 1997.

1953 wurden durch die Bildung von „Municipality of Metropolitan Toronto" die angrenzenden und teilweise ineinander übergehenden Orte wie City of Etobicoke, City of Scarborough, City of York, Borough of East York, City of

North York und die zentrale City of Toronto zur Metropolitan Area Toronto zusammengeschlossen. Die lokale Autonomie der einzelnen Stadtteile wurde weiterhin beibehalten, jedoch konnte durch den Zusammenschluß eine einheitliche großräumige Infrastrukturplanung, Versorgung und Entsorgung gesichert werden. Ein weiterer wichtiger Faktor, der zum Ausbau der Stadt in starkem Maße beitrug, war der Bau der U-Bahn, der sich in Abschnitten zwischen 1954 und 1971 vollzog. Dieses Netz umfaßt heute eine unter der Yonge Street verlaufende Nord-Süd-Verbindung und eine Ost-West-Verbindung, die sich unter der Bloor Street erstreckt (von Nord nach Süd rund 16 Kilometer und von Ost nach West rund 22 Kilometer lang). Durch dieses schnelle Verkehrsmittel wurde die Abwanderung aus der Innenstadt unterstützt, da jetzt die Arbeitsplätze im Zentrum schnell erreicht werden konnten.

Die Wahl des jüdischen Bürgermeisters Nathan Phillip im Jahr 1955 unterstreicht die Multikultur Torontos.

Der zentrale Geschäftsbereich Torontos (CBD-Central Business District) hat in den letzten Jahrzehnten vor allem optisch große Veränderungen mitgemacht. Zahlreiche Hochhäuser sind entstanden, insbesondere im Kern rund um Bay Street und King Street. Sie beherbergen Verwaltungen, Banken, Handels- und Firmenvertretungen und verfügen über bis zu 72 Geschosse. Neben diesen Hochbauten prägt besonders ein Gebäude die Silhouette Torontos. Es ist der **CN-Tower**, das mit 553 Metern größte Gebäude der Welt, das zu den beliebtesten Sehenswürdigkeiten der Stadt zählt. Er wurde zwischen 1973 und 1976 erbaut und stellt mittlerweile das Wahrzeichen der Stadt dar. Ein weiteres herausragendes Bauwerk ist der 1979 eröffnete Eaton Centre im Stadtkern an der Yonge Street. In diesem gigantischen Einkaufszentrum (Shopping Mall) kann man auf fünf Ebenen in Geschäften, Restaurants, Galerien usw. nahezu alles kaufen. Dieses beliebte Shopping Centre verfügt über 320 Geschäfte und Restaurants und zieht Einkäufer aus ganz Südontario an. Entworfen wurde das beeindruckende Einkaufszentrum von dem angesehenen deutschen Architekt Eberhard Zeidler, der 1951 nach Kanada auswanderte. Ein weiteres weltweit bekanntes Gebäude ist das 1965 eröffnete neue Rathaus mit einer markanten Architektur, das die Handschrift des finnischen Architekten Viljo Revell trägt. Dieses neue zweitürmige Rathaus und das benachbarte Parlamentsgebäude der Provinz Ontario markieren heute die Funktion Torontos als Verwaltungszentrum im Bereich des Rechtecks der University Avenue und Queen Street.

In den 50er und 60er Jahren entstanden im Randbereich Torontos die sogenannten New Towns. Hierbei sei Don Mills (rund 13 Kilometer nordwestlich des Stadtzentrums) erwähnt, mit 3.600 Häusern und rund 3.600 Apartments, die in der Zeit von 1953 bis 1962 entstanden sind.

Insgesamt wurde der Wohnungsbau in den letzten Jahrzehnten sehr stark gefördert. Ein Beispiel ist der Bau zahlreicher vielstöckiger Bauten im Stadtteil St.James Town, die seit Anfang der 60er Jahre geschaffen wurden. Das Wohngebiet St.James Town liegt am östlichen Rand der Stadt und zählt rund 20.000 Einwohner. Hier wurden auch Versorgungseinrichtungen angelegt. Sehr kraß zeigt sich hier der Gegensatz der weißen bis zu 30geschossigen Wohnblöcke zu den gegenüberliegenden alten und teilweise verkommenen zweistöckigen Wohnhäusern.

Gegenwärtig stößt der Ausbau der Stadt Toronto an die Stadtgrenzen, und einige Gremien befassen sich mit der weiteren Planung. 1987 wurde das Greater Toronto Coordinating Commitee ins Leben gerufen, um im Hinblick auf das unaufhaltsame Stadtwachstum eine administrative Kooperation zwischen den Ämtern zu schaffen.

Ein weiteres Merkmal Torontos wurde erst nach dem Zweiten Weltkrieg geprägt. Zu dieser Zeit übernahm Toronto die Funktion eines „Auffanglagers" für zahlreiche Immigranten, und so strömten in diese vorher so ausgesprochen britische und protestantische Stadt verschiedene Volksgruppen aus Italien, der Ukraine, Ungarn und Portugal. In den 70er und 80er Jahren verzeichnete man Zuströme aus Asien, der Karibik und Lateinamerika. Toronto verwandelte sich in eine polykulturelle Stadt, die heute rund 100 ethnische Gruppen zählt und allein über drei separate Chinatowns sowie einen Südasiatischen Distrikt verfügt. Jährlich findet ein Karibisches Festival statt, und in Toronto trifft man auf eine hohe Anzahl verschiedener Restaurants der verschiedenen Kulturen. Interessanterweise ging die Aufnahme der Immigranten ohne größere Probleme vonstatten.

1976 übertraf die Einwohnerzahl Torontos die der Stadt Montreal, mit der Toronto in einem langen Konkurrenzkampf stand. Toronto wurde zur größten kanadischen Stadt und nahm 1981 die „Drei Millionen-Hürde". In den letzten beiden Jahrzehnten konnte Toronto der Stadt Montreal auch in wirtschaftlicher Hinsicht den Rang ablaufen und wurde bedeutendstes kanadisches Finanz- und Wirtschaftszentrum und somit zum wirtschaftlichen Motor Kanadas. Dieser Motor läuft gegenwärtig aufgrund der 1990 einsetzenden Rezession wesentlich langsamer. Die Arbeitslosenzahlen gingen kräftig in die Höhe, und Toronto wurde von dem Konjunkturrückgang wesentlich härter getroffen als andere Regionen Kanadas. Trotz der Rezession zieht die Metropole weiterhin Menschen aus aller Welt an, die dann mit den sozialen Problemen konfrontiert werden. Steigend sind die Zahlen der Obdachlosen, die Armut nimmt zu, und soziale Notstände sind der Metropole nicht mehr fremd. Heute spielt der Tourismus eine entscheidende Rolle, zumal die meisten Besucher aus Europa in Toronto landen und mit Toronto ihren „Ost-Kanadaurlaub" beginnen. 1990 besuchten 16,7 Millionen Urlauber die Stadt Toronto, und der Trend geht weiter nach oben (Ausgaben: ca 2,5 Milliarden Dollar).

Ein für die Torontonians sehr wichtiges Datum der jüngsten Vergangenheit ist das Jahr 1993. Nach einer erfolgreichen Saison gewannen die beliebten und viel umjubelten Blue Jays zum zweiten Mal in Folge die amerikanischen Baseballmeisterschaften. Ihre Sportstätte ist das gigantische SkyDome unterhalb des CN-Towers, das mit dem riesigen variablen Dach zu den größten Arenen der Welt gehört.

Während Toronto lange Zeit den Beinamen „Toronto the Good" innehatte, sieht die jüngste „Stadtentwicklung" so aus, daß Toronto von seinen Bürgern als T.O. (für Toronto-Ontario) betitelt wird. Diesen Namen erhielt die Stadt in Anlehnung an L.A. für Los Angeles, und T.O. soll für eine weltoffene populäre Stadt stehen. Toronto hat gegenwärtig das Image einer ethnische Gruppen integrierenden, sauberen, ordentlichen, sicheren und gut geplanten Stadt. Von den Fremdenverkehrsämtern wird Toronto als „The World's newest Great City" oder als „The City that Works" angepriesen. Toronto hat sich in den letzten Jahren zu einer bedeutenden nordamerikanischen Filmmetropole entwickelt und ist heute nach Los Angelos und New York die wichtigste Filmstadt auf dem Kontinent, was ihr auch den Beinamen „Hollywood des Nordens" eingebracht hat. Viele Regisseure zieht es nach Toronto, weil man hier direkt mehrere Kulissen vorfindet, wie z.B. Chinatown, Downtown oder den Ontariosee.

VI. Toronto kurbelt die kanadische Wirtschaft an

Die Bedeutung der Metropole für die kanadische Wirtschaft ist immens und beschränkt sich längst nicht nur auf die nationale Ebene. Toronto hat sich in den letzten Jahrzehnten zum wirtschaftlichen Motor Kanadas entwickelt und wird diesen Rollen und den Stellenwert auch in Zukunft beibehalten.

Der rasante Weg zum Wirtschaftszentrum

Mit dem Anstieg der Bevölkerung und der damit verbundenen flächenmäßigen Ausdehnung nahm auch die wirtschaftliche Bedeutung Torontos zu. Während bis in die 70er und 80er Jahre Montreal in wirtschaftlicher Hinsicht die führende kanadische Stadt war, konnte **Toronto** seit 1981 nicht nur mehr Einwohner verzeichnen, sondern lief in den 80er Jahren Montreal auch wirtschaftlich den Rang ab. Die Nähe zu den Vereinigten Staaten und die engen wirtschaftlichen Verflechtungen sind hier als wichtige fördernde Faktoren der Wirtschaft zu nennen.

1890 setzte in Toronto die Industrialisierung ein, und die Region Südontario erwies sich als optimaler Standort amerikanischer Großbetriebe. 1910 hatte Toronto bereits so viele Industriearbeiter wie Montreal und wurde Anfang dieses Jahrhunderts Finanzzentrum des kanadischen Bergbaus.

Kontinuierlich nahm die Zahl der Arbeitsplätze zu, und Toronto konnte in den Bereichen Handel und Transport Zuwächse verzeichnen. In den 60er Jahren konnte die Stadt ihren Einfluß landesweit ausdehnen, und auch die Atlantischen Provinzen wurden wichtige Handelspartner.

In den beiden Jahren 1981/82 verzeichnete man einen gravierenden Konjunkturrückgang, von dem sich die Wirtschaft der GTA schnell wieder erholen konnte.

Mitte der 80er Jahre verlagerte sich die Dominanz von Dienstleistungsunternehmen, insbesondere des Finanz- und Versicherungswesens, von Montreal nach Toronto. Gründe hierfür sind auch in der Separatistenbewegung der Provinz Quebecs zu sehen, die ausländische Investoren hemmte. Gegenwärtig ist die GTA das kanadische Finanzzentrum und der wirtschaftliche Motor des Landes: Nahezu jeder zweite Arbeitsplatz in Ontario liegt in dem Großraum Toronto. Die Metropole hat sich zum wirtschaftlichen Motor Kanadas entwickelt, wobei das Pro-Kopf Einkommen rund ein Viertel über dem nationalen Durchschnittseinkommen liegt.

Seit 1989 verzeichnet man jedoch einen weiteren Konjunkturrückgang. Von dieser Rezession wurde die GTA wesentlich härter getroffen als andere Regionen Kanadas. Trotz anhaltender Rezession - ein Ende ist noch nicht in Sicht - bleibt die Greater Toronto Area bevorzugter Firmensitz.

Viele Firmen lassen sich in Toronto nieder

Der Großraum Toronto ist das wirtschaftliche Zentrum Kanadas und zieht trotz des gegenwärtigen Konjunkturrückganges weiterhin Firmen an.

Die Arbeitnehmer in Toronto bilden einen Anteil von 13% an der gesamten kanadischen Beschäftigten.

Im CMA Toronto haben mit 196 Firmen 39% der wichtigsten 500 Firmen (Financial Post's Top 500) ihren Sitz. 46 der 55 ausländischen Banken und 90% der kanadischen Top-Werbefirmen wählten Toronto zu ihrem Hauptsitz.

Das Finanz- und Versicherungswesen gehört zu den Bereichen, die in den letzten Jahren am stärksten expandierten. Während in dem Zeitraum von 1976 bis 1990 die Zahl der Beschäftigten um 43% zunahm, verzeichnete das Finanz- und Versicherungswesen eine Zunahme von 70%. Im Finanzwesen sind mit 127.000 Arbeitnehmern rund 7% der Arbeitnehmer im CMA tätig. Die „herausragende" Stellung des Finanzwesens kann man an der Skyline von Toronto ablesen. Hier bestimmen die gigantischen Wolkenkratzer der führenden Banken die Silhouette der Metropole. Zu den dominierenden Banken Torontos gehören Toronto Dominion Bank mit 265 Geschäftsstellen im Jahr 1994, Canadian Imperial Bank of Commerce - C.I.B.C. (247), Bank of Nova Scotia (230), Royal Bank of Canada (200) und die Bank of Montreal (185). Die riesigen Bürohochhäuser sind die Sitze der Banken und konzentrieren sich in dem sogenannten Financial District entlang der Bay Street, Yonge Street, King Street und Front Street. Bereits vor mehr als 100 Jahren entstanden in dem heutigen Financial District die ersten Banken und Bürohochhäuser. Derzeitig werden hier alle Dienstleistungen rund um das Geld angeboten, und so stößt man neben den gigantischen Banken auf die Trust Companies, Versicherungsgesellschaften, Börsenhändler, Investment-Händler und Investment-Berater sowie Teilzahlungsbanken. Diese Finanzdienstleistungsunternehmen, die sich in Aufgabe und Zusammensetzung stark von dem deutschen Finanzwesen unterscheiden, stehen in einem ständigen Konkurrenzkampf und decken wie keine andere Metropole Kanadas die finanziellen Grundbedürfnisse „Banking, Investment Management, Insurance und Financial Planning".

Die Bodenpreise innerhalb des Zentralen Geschäftsbereiches (CBD) sind stets ein Konjunkturbarometer, und sie gehen seit 1992 allmählich zurück. Darüber hinaus stehen auch Büroflächen frei, die aufgrund des rezessionsbedingten Stellenabbaus derzeitig nicht mehr genutzt werden. Verstärkt wird dies auch durch die Neuansiedlung von Firmensitzen in den Subzentren (Dezentralisierung). Die ungenutzten Flächen addieren sich zu 2,4 Millionen Quadratmetern Büroflächen und rund 3,3 Millionen Quadratmetern Industriefläche.

In Toronto haben sich auch die bedeutenden Automobilfirmen Ford, Chrysler und General Motors mit ihren Produktionsstätten niedergelassen.

Die Beschäftigtenstruktur

Insgesamt sind in der Greater Toronto Area rund 2,5 Mio. Beschäftigte tätig. Den größten Anteil hat hierbei Metro Toronto mit 1,36 Mio. Beschäftigten, was einem Anteil von 59,6% am

Beschäftigte im Tertiären Sektor - Dienstleistungen

Blick vom CN-Tower

Arbeitsmarkt entspricht. Weitaus weniger Arbeitsplätze bestehen in Peel (378.000), York (248.000), Durham (156.000) und Halton (141.000). Die ungleichmäßige Verteilung der Arbeitsplätze hat gravierende Auswirkungen auf die Anfahrtswege und dementsprechend auf die Umwelt. Wesentlich mehr Personen pendeln jeden Tag aus den vier Regionen in die Metro Toronto als aus der Metro heraus. 1986 wurden 269.000 Pendler in die Metro verzeichnet, während ca. 155.000 Pendler aus der Metro zu ihrem Arbeitsplatz in die vier umliegenden Regionen fuhren. Grund hierfür ist in erster Linie das große Angebot an Arbeitsplätzen in Metropolitan Toronto. Der hohe Pendelverkehr verursacht in den Stoßzeiten zahlreiche Staus und macht einschneidende Auflagen notwendig (Parkverbote, Umsteigen auf Öffentliche Verkehrsmittel, Ausbau der Verkehrsnetze...).

Ein Blick auf die Verteilung der verschiedenen Branchen zeigt die Schwerpunkte in der GTA (Daten für 1992 - Quelle: Statistics Canada).

Die Landwirtschaft spielt in der Metro Toronto mit einem Anteil von 0,6 Prozent eine untergeordnete Rolle auf dem Arbeitsmarkt. Bedeutende landwirtschaftliche Betriebe bestehen außerhalb der Metro überwiegend in den Regionen Halton, Peel, York und Durham. Da jedoch kontinuierlich hochwertiges Agrarland in Bauland umgewandelt wird, wird die Zahl der Beschäftigten in der Landwirtschaft weiterhin abnehmen.

In der Industrie sind 18,7% der gesamten GTA-Beschäftigten tätig. In dieser Branche verzeichnete man in den letzten Jahren Rückgänge. Während 1986 rund jeder vierte Beschäftigte (24,3%) in der Industrie tätig war, ist es gegenwärtig nicht einmal mehr jeder Fünfte. Hier ist es vor allem die Automobilindustrie mit den Automobilherstellern, die man „The Big Three" nennt: Ford (Oakville), Chrysler (Brampton) und General Motors (Oshawa). Hierbei ist General Motors of Canada der größte industrielle Arbeitgeber mit weit mehr als 20.000 Beschäftigten.

Im Baugewerbe sind 5,0%, im Transportwesen und Kommunikation zusammen 7,6% der Gesamtbeschäftigten tätig. Für Toronto bedeutende Branchen sind der Handel mit 17% und das Finanz-, Versicherungs- und Immobilienwesen mit 9,7%. Der dominierende Dienstleistungsbereich beschäftigt rund 36,1% (1986: 31,2%) aller Berufstätigen.

Mit steigenden Einwohnerzahlen im Großraum Toronto nimmt auch die Zahl der Beschäftigten weiter zu.

Bis zum Jahr 2021 wird ein Anstieg der Beschäftigtenzahl von derzeitig rund 2,29 Mio. um ungefähr 1 1/2 Millionen auf 3,76 Mio. prognostiziert.

Beschäftigte im Tertiären Sektor - Dienstleistungen

Natürlich hat im Vergleich zu den anderen vier Regionen der Greater Toronto Area das Metropolitan Toronto im Tertiären Sektor den höchsten Stellenwert, was man unschwer an der Stadtsilhouette erkennen kann.

Generell ist mit 939.400 Beschäftigten, das entspricht einem Anteil von 49% an allen Arbeitnehmern, der Dienstleistungsbereich führender Sektor in der GTA. Die Industrie verfügt über 361.400 (19%) Arbeiter. Im Groß- und Einzelhandel sind 17%, das entspricht 337.800 Beschäftigten, tätig. Einen weniger großen Anteil nehmen die Bereiche von Planung und Offentlichen Versorgungsbetrieben (135.800 oder 7%) sowie Transport und Kommunikation (120.900 oder 6%) ein. Die Dominanz der Finanzdienstleistungsunternehmen ist besonders in der Downtown sichtbar. Hier stehen die sogenannten Towers, die gigantischen Bürohochhäuser der Banken und Versicherungen. Toronto Dominion Bank, Canadian Imperial Bank of Commerce (C.I.B.C.), Bank of Nova Scotia, Royal Bank of Canada und die Bank of Montreal gehören zu den großen Banken und sind wichtige Arbeitgeber. Neben dem „Banking" sind auch zahlreiche Angestellte in den weiteren Bereichen der unzähligen Finanzdienstleistungsunternehmen (Investment Management, Insurance, Financial Planning) tätig. Dieser expandierende Bereich machte Toronto zum bedeutendsten Finanzzentrum Kanadas.

Ein weiterer zunehmender Bereich ist die Verwaltung und die öffenlichen Einrichtungen mit 5,3 Prozent. Addiert man die vier Ebenen der Regierung, so erhält man eine Zahl von rund 100.000 Angestellten. Hierbei ist die Regierung von Ontario (Government of Ontario) mit 33.000 Beschäftigten größter Arbeitgeber in der GTA. Weitere bedeutende Arbeitgeber sind der Tourismus und das Gesundheitswesen.

Das Gesundheitswesen hat Geschichte

Wie in keiner anderen kanadischen Metropole spielt der Gesundheitssektor eine wichtige Rolle, und es scheint verwunderlich, daß sich gerade im Stadtzentrum unzählige Krankenhäuser befinden. Einer der großen Arbeitgeber in der Metro Toronto ist das „Toronto Hospital" mit rund 8.000 Arbeitnehmern. Insgesamt verfügen die Krankenhäuser in Toronto über rund 18.000 Betten, und das Gesundheitswesen beschäftigt rund 130.000 Personen (7%). Toronto gehört zu den Städten Nordamerikas, die über eines der größten medizinischen Zentren verfügen. Dies zeichnet sich durch 50 Krankenhäuser und 7.900 **Ärzte** in der Metro Toronto aus. Bedeutende Krankenhäuser liegen in der Downtown und konzentrieren sich an der University Avenue südlich vom Queens Park (Mount Sinai Hospital, Hospital for Sick Children, Toronto General Hospital, Queen Elizabeth Hospital, Women's College Hospital).

Die Stadt verfügt auf dem medizinischen Sektor über einen weltweit guten Ruf und kann auch auf historische Ereignisse zurückblicken. So wurde an der University of Toronto der erste elektrische Herzschrittmacher entwickelt, und 1922 gewannen Dr. Frederick Banting und Dr. Charles Best das erste Insulin. Die Universität von Toronto ist Kanadas größte medizinische Bildungseinrichtung und rangiert in Nordamerika auf dem zweiten Rang. Für die Forschung werden jährlich über 175 Mio. kan. Dollar ausgegeben.

Einen hohen Stellenwert hat auch die pharmazeutische Industrie. Mehr als die Hälfte aller kanadischen Betriebe der Pharmaindustrie haben sich im Großraum Toronto angesiedelt. Die Pharmaindustrie und die Biotechnologie gehören zu den expandierenden Zweigen in den GTA.

Ertragreiche Böden und gutes Klima - die Landwirtschaft

Wer das Bild der Mtetropole mit ihren gigantischen Bauwerke in der Downtown vor Augen hat und an die flächeneinehmenden Wohnsiedlungen denkt, der kann sich kaum vorstellen, daß die Landwirtschaft eine wichtige Rolle in dem Großraum Toronto, der Greater Toronto Area spielt. Gute Böden und ein begünstigendes Klima sind hierbei ausschlaggebende Faktoren.

Innerhalb der Provinz Ontario ist die Landwirtschaft mit den ihr zugehörigen Zweigen der zweitgrößte Sektor, und so steht jeder fünfte Arbeitsplatz mit der Landwirtschaft in Verbindung.

Die Produktion (Früchte, Gemüse, Getreide, Fleisch und Futter) ist auf den Absatzmarkt im Großraum Toronto ausgerichtet. Selbstverständlich hat die Landwirtschaft in der Metropolitan Toronto aufgrund der fehlenden Agrarflächen keine Bedeutung.

Toronto als Magnet - der Tourismus

Schon lange gehört Toronto nicht mehr zu den exotischen Reisezielen und dank günstiger Flugangebote und einer guten touristischen Infrastruktur zieht die Metropole Jahr für Jahr eine hohe Zahl von Touristen an. Anfang der 90er verzeichnete man in der Metro Toronto rund 17 Millionen Besucher pro Jahr. Toronto bietet eine Fülle von Attraktionen, wie z.B. den gigantischen Shopping Centre Eaton Centre, den CN-Tower (mit 553 Metern höchstes Gebäude der Welt) und eine große Auswahl an Museen. Die hohe Anzahl der Touristen wird auch dadurch verstärkt, daß viele Besucher zunächst in Toronto auf dem hochfrequentierten Lester B.Pearson International Airport landen und nach einem ein- oder mehrtägigen Stadtaufenthalt ihren Ontariourlaub beginnen oder einen mehrtägigen Stop machen, bevor es dann weitergeht nach West-Kanada.

Der Tourismus ist nach der Automobilindustrie und der Autoteileindustrie die drittgrößte Einnahmequelle, durch die Devisen nach Kanada kommt. In Toronto spielt der Fremdenverkehr eine wichtige Rolle, und so liegen die Gesamtausgaben der Touristen zwischen 2 1/2 und 3 Milliarden kan. Dollar im Jahr.

Unter den Hotels dominiert das 1929 erbaute Royal York Hotel, im Süden der Downtown. Es bestimmte nicht nur Jahrzehnte die Skyline von Toronto, sondern ist auch bedeutender Arbeitgeber und mit rund 1.400 Zimmern das größte Hotel im Commonwealth. Eng verbunden mit dem Tourismus ist auch das Gaststättengewerbe. Rund 4.000 Restaurants mit 70 verschiedenen ethnischen Küchen stillen den Appetit der Torontonians und der unzahligen Gäste.

VII. Was hat die Metropole zu bieten - die Sehenswürdigkeiten

Wer meint, in dieser Viermillionenstadt trifft man nur verstopfte Straßen und gigantische Wolkenkratzer im Stadtzentrum, der irrt gewaltig. Wie kaum eine andere Metropole kann **Toronto** den Besucher mit ihren zahlreichen und beeindruckenden Sehenswürdigkeiten tagelang in „Atem" halten. Manchmal ist es daher sehr unverständlich, warum die Urlauber die Stadt nur wenige Tage in die Reiseplanung einbinden. Ein großer Anteil der Highlights befindet sich im Stadtkern, der sogenannten Downtown. Hierbei sind es nicht die klassischen und traditionellen Sehenswürdigkeiten wie Kirchen und Museen, sondern die Wolkenkratzer, die in den Himmel ragen und die benachbarten Hochbauten widerspiegeln, die den Besucher faszinieren. An vielen Stellen ist der Gegensatz zwischen den modernen, verspiegelten, unendlich hohen „Skyscrapern" und den alten historischen Bauwerken unmittelbar zu sehen. So steht z.B. die 1847 erbaute Kirche „Church of the Holy Trinity" unterhalb des neuerbauten Eaton Tower. Ein ähnliches Bild bietet die Old City Hall im Financial District.

Wer sich jedoch an den historischen und ultramodernen Gebäuden von Downtown Toronto sattgesehen hat, für den gibt es viele weitere Anziehungspunkte.

Sehenswürdigkeiten in der Downtown

Gleich mehrere Highligts hat Toronto auf einer relativ kleinen Fläche zu bieten. Hier in der Downtown, dem Herz der Metropole, spielt sich das pulsierende Leben ab. Für den Europäer ist zunächst die Downtown mit ihren verspiegelten Wolkenkratzern interessant. Aber nur wenige Meter weiter stößt man auf weiter gigantische Sehenswürdigkeiten. Allen voran das höchste Gebäude der Welt, der CN-Tower.

CN-Tower

Unbestritten ist der CN-Tower die größte Sehenswürdigkeit des Großraumes Toronto, vielleicht sogar in Ontario. Mit der Fertigstellung des gigantischen Turmes im Jahre 1976 veränderte sich die Silhouette Torontos gravierend. Er steht unübersehbar im Süden von Downtown Toronto in der Nähe des Bahnhofs, von dem man ihn durch einen verglasten Skywalk erreichen kann. Das recht kostspielige Vergnügen, auf das mit 553,33 Metern höchste freistehende Bauwerk der Welt zu fahren, sollte man sich nicht entgehen lassen.

Von den ersten Vorschlägen 1968 bis zum endgültigen Modell 1972 und zur Einweihung 1976 waren Experten aus der ganzen Welt an diesem Projekt beteiligt. Die kanadische Eisenbahngesellschaft CN-Canadian National bewies mit dem Bau, daß das Unmögliche möglich ist.

Für den Besucher stehen Aussichtsplattformen zur Verfügung. Die erste Möglichkeit ist auf 342 Meter (über Bodenniveau). Ein Freiluft-Observationsdeck befindet sich auf 346 Meter Höhe. Geschützt hinter Glas kann der schwindelfreie Gast in dem sich drehenden Restaurant „Top of Toronto" in einer Höhe von 351 Metern speisen. Der Höhepunkt, im wahrsten Sinne des Wortes, ist jedoch das Space Deck mit einer Weltrekordhöhe von 447 Metern. Man erreicht es mit einem zusätzlichen Aufzug. Generell hat man von allen Beobachtungspunkten einen phantastischen Ausblick über und auf die Business-Wolkenkratzer, den Ontariosee mit den kleinen Inseln von Toronto Island und den Hafenanlagen, das ausgedehnte Stadtgebiet mit den hohen Apartmentblöcken und dem direkt unterhalb des CN-Towers stehenden Stadion SkyDome.

Es empfiehlt sich, den CN-Tower als erste Sehenswürdigkeit anzusteuern, da man von oben die Grundzüge der Stadt erkennt und zahlreiche weitere Anziehungspunkte ausmachen kann (Kartenvergleich).

Zu den weiteren, wenn auch kleineren Giganten dieser Welt gehören:

- Ostankino Tower,
  Moskau 540m (1971)
- Sears Tower, Chicago 443m (1974)
- Empire State Building,
  New York 443 (1931)
- World Trade Centre,
  New York 411m (1973)
- Tashkent Tower,
  Uzbekistan 375m (1984)
- Tokio Tower, Tokio 333m (1958)
- Eiffelturm, Paris 320m (1889)
- Sydney Tower, Sydney 304m (1981)
- Olympiaturm,
  München 290m (1968)

Am Fuße des CN-Towers erwarten den Besucher weitere Sehenswürdigkeiten, die man beim Kauf einer Eintrittskarte mitbuchen kann:

Das „Mindwarp Theatre" ist erst seit März 1994 in Betrieb. Diese Magieshow eines Zauberers, der jedoch nur auf größeren Bildschirmen auftritt, kann jedoch nur Kinder begeistern. Begeistert werden die Erwachsenen bei dem anschließenden „Devil's Mine Ride" sein. In diesem modifizierten 747 Flugsimulator fährt man durch eine alte Mine. Der abgespielte Film in Verbindung mit den erzeugten Bewegungen bewirkt ein relativ echtes Bewegungsgefühl und mitunter auch ein flaues Gefühl im Magen.

Eine weitere Attraktion ist „Q-ZAR", eine futuristische Laser-Game Show, bei der zwei Mannschaften mit Laserwaffen bewaffnet und Schutzanzügen versehen gegeneinander kämpfen. Dieses Laserspiel ist das einzige seiner Art in Kanada.

Außerhalb des CN-Towers befindet sich ein kleine Minigolfanlage. Nähere Infos unter Tel. 416-601-4705.

SkyDome

„The World´s Greatest Entertainment Centre" so lautet eine viel verwendet Beschreibung über SkyDome. Direkt unterhalb des höchsten Gebäudes der Welt, dem anziehenden CN-Tower befindet sich diese weitere Attraktion. SkyDome ist ein weiteres überdimensionales Bauwerk, Torontos High-Tech Stadion, mit einem zu öffnenden Dach. Dieses Dach wird für Besucher an rund 250 Tagen im Jahr geöffnet. Wie beliebt SkyDome ist, zeigen die Besucherzahlen, und so fanden in vier

Sehenswürdigkeiten in der Downtown

CN-Tower und SkyDome

Jahren rund 25 Millionen interessierte Gäste den Weg in dieses gigantische Stadion.

SkyDome ist eine Multifunktionsarena, in der viele Veranstaltungen durchgeführt werden. Es ist die Sportstätte der populären und weltweit erfolgreichen Baseballmannschaft „Toronto Blue Jays" und der „Toronto Argonauts", die in der „Canadian Football League" spielen. Auf dem Programm von SkyDome steht neben dem Sport auch die Musik, und so finden hier zahlreiche Konzerte statt. Die Besucherkapazität reicht von 50.600 Plätzen bei Baseballspielen bis zu 67.000 Plätzen bei Konzerten. Die Sitzplätze erstrecken sich rundum über 31 Stufen. Das zu besichtigende Stadion (Führung) verfügt neben sieben Restaurants und Bars, einem Hotel und einem Fitness Club auch über einen Souvenirshop, der nach eigenen Angaben „The World's Greatest Souvenir Store" ist. Lustig sind die überdimensionalen Fanfiguren an der nördlichen Seite des Stadions. Sie zeigen die begeisterten Fans in verschiedenen Stimmungen. Infos unter Tel. 416-3413030.

Eaton Centre

Eine etwas unübliche Attraktion ist der Eaton Centre. Dieser Anziehungspunkt -nicht nur für Stadtbesucher - befindet sich im Stadtkern entlang der Haupteinkaufsstraße, der Yonge Street. Zum größten Teil in der Erde versunken, erstreckt sich dieses gigantische Einkaufszentrum über 5 Ebenen (Level 0 bis 4). Mit dem neuerbauten Eaton Tower verfügt der Eaton Centre nun auch über einen markanten Aufriß.

Man erreicht den Eaton Centre mit dem Auto und findet im Parkhaus 1.600 Parkplätze. Vorteilhafter ist jedoch die Anfahrt mit der „Subway" bis zur U-Bahnstation Dundas.

Man erreicht den Eaton Centre auch unterirdisch über das Fußwegenetz P.A.T.H.

Der Eaton Centre beruht auf einem alten Kaufhaus, das von Timothy Eaton gegründet wurde. 1979 wurden nach dem Vorbild der Galleria in Mailand zwei Häuserzeilen überdacht und die Fassaden nahezu vollständig neugestaltet. Dieser Idee folgten auch in Deutschland einige Einkaufszentren. Die im Eaton Centre entstandene riesige Glaskuppel spendet viel Licht und läßt auch die Sonne einfallen. Am Südeingang, an der Queens Street erhält man von der ersten Etage (Level 3) einen phantastischen Einblick in die Mall. Schaut man nach oben, begeistern nachgebildete fliegende Kanada-Gänse unterhalb der Glaskuppel. Dieses Kunstwerk mit dem Titel „Flightstop" wurde 1979 von dem kanadischen Künstler Michael Snow geschaffen. An der Queens Street befindet sich auch ein Skywalk, der den Eaton Centre mit dem Kaufhaus „The Bay" verbindet.

Der Eaton Centre verfügt über rund 320 Geschäfte und Restaurants. Besonders hoch ist die Anzahl der kleinen Fast-Food Restaurants. Zwei Informationsstände geben Auskunft über die Lage der Geschäfte, der Restaurants, der sanitären Anlagen sowie des Still- und Wickelraumes. Der Eaton Centre empfiehlt sich nicht nur zum Einkaufen, sondern bietet sich auch gut zum Auftanken an. Wenn man abseits der lauten Straßen einen Snack essen will oder wenn der Körper bei Kälte oder Hitze etwas Erholung braucht.

Sehenswürdigkeiten in der Downtown

Eaton Centre

Queen's Quay Terminal

Ein weiterer ansprechender, moderner und ruhiger Shopping Center befindet sich Südlich der Downtown, an der Harbourfront. Der mit QQT abgekürzte Queen's Quay Terminal ist mit über 100 Geschäften und Restaurants wesentlich kleiner als der dominierende Eaton Centre. Der QQT hat jedoch einen eigenen Charakter und ist nicht minder interessant. Das große Gebäude hat eine interessante Architektur und ein exklusives Innenleben. Die sogenannten „Toronto Shops on the Lake" sind mäßig besucht, und so kann man streßfrei und in aller Ruhe einkaufen oder etwas essen. Hier hat man auch die Möglichkeit draussen zu sitzen, mit Blick auf den Ontariosee und Toronto Island. Info-Hotline 416-203-0510

Harbourfront Centre

Westlich des Queen's Quay Terminal befindet sich ein neugeschaffener Abschnitt am Ufer, nur wenige hundert Meter entfernt von der Downtown, gegenüber Toronto Island. Es ist der Harbourfront Centre, ein ansprechender befestigter Bereich am Ufer des Ontariosees, der Waterfront. Wie in vielen anderen Metropolen wurde auch hier der Bereich der Waterfront umgestaltet und aufgewertet. Hier kann man die Uferpromenade langspazieren und sich auf ein Bank niederlassen um die Sportbooten beim Auslaufen aus dem kleinen Hafen zu beobachten. Kaum zu glauben, bei diesem entspannenten Anblick, dass sich die gigantischen Bank Towers direkt hinter einem befinden. Viele Lokale laden ein und das ganze Jahr finden hier die unteschiedlichsten Aktionen statt - von Musik bis Kunst. Wer eine gute Stelle sucht um die Downtown zu fotografieren, hat mit der Holzbrücke am Harbourfront Centre sicherlich eine der schönsten Stellen gefunden. Nähere Infos unter 416-973-4677.

Honest Ed's

Etwas gegenteilig zum stilvollen Eaton Centre und zum moderne QQT wirkt das große Einkaufshaus Honest Ed's dar. Es steht oder vielmehr leuchtet an der Ecke Bloor Street und Bathurst Street im Norden von Downtown Toronto. Dieses Kaufhaus, das von außen durch tausende blinkende Glühbirnen auffällt und Kirmes-Stimmung aufkommen läßt, gehört zu den günstigen Einkaufsgelegenheiten Torontos. Das Angebot wird von zahlreichen Preisbrechern bestimmt und die Aufmachung im Inneren ist sehenswert. Die von außen angedrohte Kirmesatmosphäre setzt sich auf den unübersichtlichen Etagen fort. Blinkende Lichter und laute Musik, in der günstige „Honest Ed's" besungen wird, sollen den Kunden zum Kauf verleiten. In diesem Kaufhaus ist immer etwas los, und bereits bevor Honest Ed's seine Tore öffnet, stehen die Leute Schlange. Honest Ed's gehört sicherlich zu den geheimen Sehenswürdigkeiten. Allerdings sollte die Qualität der angebotenen Waren sorgfältig geprüft werden, bevor man dem günstigen Preis, den blinkenden Lichtern und den Werbesongs nachgibt. Der Besitzer „Honest Ed's" ist in Toronto kein Unbekannter. Er ist ein bedeutender Kunstliebhaber und setzte sich u.a. für das Royal Alexandra Theater ein. Sein

Sehenswürdigkeiten in der Downtown

Harbourfront mit Hafen am York Quay

Leben wird an den Außenwänden des Kaufhauses durch zahlreiche Zeitungsartikel durchleuchtet.

Harbourfront Antique Market

Nicht nur für **Antiquitätenliebhaber**, ist der Antique Market an der Harbourfront (390 Queen's Quay West) ein beliebter Anziehungspunkt. Er befindet sich einen Block südlich von SkyDome und ist der größte seiner Art in Kanada. Mehr als 100 kleine Geschäfte laden hier zum Bummeln und Stöbern ein. Von viktorianischen Kerzenleuchtern über alten Schmuck bis zum wertvollen Porzellan und begehrter Literatur findet man alles, wonach man schon lange gesucht hat. In der Hauptsaison kommen am Sonntag zu den 100 Geschäften nochmal rund 100 Händler hinzu. Der Eintritt zum Harbourfront Antique Market ist frei, und geöffnet ist der interessante Antiquitätenmarkt an jedem Tag außer montags. Weiteres erfährt man unter Tel. 416-260-2626.

World's Biggest Bookstore

Nach CN-Tower und hat Toronto mit dem „World's Biggest Bookstore" eine weitere Superlative zu bieten. Dieses gigantische Buchgeschäft liegt im Zentrum, in der Edward Street, eine Straße nördlich vom Eaton Centre. Nach eigenen Angaben gehört dieses Geschäft zu den größten Buchläden der Welt. Auf zwei Etagen reihen sich mehr als 127.000 Bücher zu einer Länge von rund 27 Kilometern aneinander. Der „World's Biggest Bookstore" ist jeden Tag geöffnet (Tel. 416-9777009) und sollte auch von Nicht-Kunden angesteuert werden. Der Besucher wird begeistert sein von der Größe und dem Bücherangebot.

Fort York

Das alte Fort York gehört zu den bedeutenden historischen Anlagen Torontos und ist eng verbunden mit der Geschichte der Metropole. Die alte Garnison geht zurück auf das erste Old Fort York, das im Jahre 1793 der Gouverneur von Upper Canada Lord Graves Simcoe erbauen ließ, um den Zugang zur Toronto Bay zu schützen. 1812 spielte das Fort im Kampf gegen die Amerikaner eine wichtige Rolle, die versuchten, die britischen Besitzungen zu erobern. In der Schlacht von York fiel General Zebulon Pike, der die amerikanischen Truppen anführte. Dennoch gewannen die Amerikaner die Schlacht, besetzten für sechs Tage die Stadt York (das heutige Toronto) und brannten das „Parliament House" der Provinz nieder. Nachdem die amerikanischen Truppen abgezogen waren, wurde Fort York wieder instandgesetzt. 1814 wurde das Fort erneut durch amerikanische Soldaten angegriffen, konnte jedoch den Angriffen standhalten. Heute gehört das zu besichtigende Fort York zu den ältesten Gebäuden, die Toronto aufweisen kann. Der Besucher findet auf diesem zum großen Teil restaurierten historischen Gelände ein Leben vor, wie zu Beginn des 19. Jahrhunderts. Geprägt wird dieses nachgespielte Leben durch alte Blockhäuser, Waffenmagazine, Offiziers Quartiere, Kanonen und den herumlaufenden „Rotröcken" mit ihren langen Flinten. Wie schnellebig die Zeit ist, zeigen krasse Gegensätze

Sehenswürdigkeiten in der Downtown

Casa Loma

der nostalgischen Garnison zur benachbarten erhöhten Schnellstraße Gardiner Expressway und den an das Fortgelände angrenzenden großen Leuchtreklamen.

Fort York befindet sich im Süden der Downtown, an der Garrison Road, zwischen Bathurst Street und Strachan Avenue und ist nur in der Hauptsaison geöffnet (Info: 416-392-6907).

Ontario Place

Neben dem CN-Tower gehört der Freizeit- und Kulturpark Ontario Place zu den meistbesuchten Attraktionen, die Toronto zu bieten hat. Mit einer herrlichen Lage auf drei kleinen Inseln an der Küste südwestlich der Downtown ist Ontario Place ein besonderer Anziehungspunkt und an den riesigen weißen Kugelgebäuden leicht zu erkennen. Der Besucher trifft hier auf zahlreiche Restaurants und Biergärten. Zu den Highlights gehört Cinesphere, ein gigantisches Filmtheater. „The Forum" ist eine Freilichtbühne, die rund 10.000 Besuchern bei Konzerten und vielen anderen Aufführungen Platz bietet. Kinder unter 12 Jahren können sich in dem „Children's Village" vergnügen. Bootsfahrten werden angeboten und auch Trampelboote können ausgeliehen werden. Auf dem Festland stehen zahlreiche Parkplätze zur Verfügung. Der Ontario Place ist nur in der Hauptsaison von Mitte Mai bis Mitte September geöffnet. Weitere Infos unter Tel. 416-314-9811.

Exhibition Place

Exhibition Place ist ein großes Messegelände liegt nördlich von Ontario Place, zwischen Lake Shore Boulevard und Gardiner Expressway. In dem 142 Hektar großen Messepark finden alljährlich große Messen wie Bootsshow, Heimshow, Automesse, Kunsthandwerksmesse, Sportmesse und zahlreiche diverse Veranstaltungen statt. Der Exhibition Place beinhaltet auch das historische Gebäude „Stanley Barracks" aus dem Jahre 1841, das heute das Marine Museum beherbergt. Die Straßenbahn (Streetcar) 511 fährt direkt in das Messegelände. Darüber hinaus stehen ausreichend Parkmöglichkeiten (bei Veranstaltungen kostenpflichtig) zur Verfügung. Infos erhält man unter: Tel. 416-3936000.

Casa Loma

Das Märchen von Casa Loma: Es war einmal eine junge, progressive Metropole, die in der Nähe der gigantischen verspiegelten Wolkenkratzern über ein Schloß im romanischen und gotischen Stil verfügte. Dies ist nicht die Einleitung eines Märchens. Nein - es ist Realität. Nördlich vom Stadtzentrum, an der Ecke Davenport Road und Spadina Avenue, thront Casa Loma, einer der beliebtesten Anziehungspunkte Torontos. Für die Nordamerikaner stellt dieses Schloß eine Besonderheit dar, da sie aufgrund ihrer jungen Geschichte nur wenige Schlösser besitzen. Jedoch ist Casa Loma auch für die Burgen und Schlösser verwöhnten Europäer eine Kuriosität, da dieses Schloß erst 1914 fertiggestellt wurde. Es war Sir Henry Mill Pellat, der aufgrund seiner zahlreichen Aktivitäten in der Stromversorgung, im Transportwesen, im Versicherungswesen und auf dem Grundbesitzsektor zum Millionär wur-

Sehenswerte Gebäude im Stadtzentrum

Bank Towers - Skulptur vor dem Gebäude der CBC

de und dieses Schloß bauen ließ. Der Bau des Schlosses mit 98 Räumen dauerte 3 Jahre und beanspruchte 3,5 Mio. Dollar. 1923 war Sir Henry finanziell am Ende und mußte sein geliebtes Schloß verlassen.

Heute präsentiert sich dieses prächtige und gepflegte Schloß den Besuchern mit einem schönen Schloßgarten, zahlreichen interessanten Räumen und Stallungen, die man vom Hauptgebäude über einen Tunnel erreichen kann. In einer Art Rundweg durch das Schloß kann der Besucher 23 Räume mit Originalinventar besichtigen. Besonders interessant sind die Badezimmer mit weißem Marmor und der Aussicht auf die Wolkenkratzer im Zentralen Geschäftsbereich. Möchte man einen ungehinderten Ausblick auf die Hochbauten haben, so muß man über nostalgische Wendeltreppen auf die Türme hinaufgehen. In einigen Räumen ist ein kleines Waffenmuseum untergebracht. Weiterhin sehenswert sind die alte Orgel, die Ritterausrüstungen, die alten Telefonanlagen und die riesige Eingangshalle, die „Great Hall".

Casa Loma ist Eigentum der City of Toronto und verfügt über ein Café, einen Geschenkartikelladen und über gebührenpflichtige Parkplätze. Der Besucher erhält mit Hilfe kleiner Cassetten-Recorder Informationen auch in deutsch. Nähere Informationen erhält man unter: Casa Loma, 1 Austin Terrace, Toronto, Ontario, M5R 1X8, Tel. 416-923-1171

Sehenswerte Gebäude im Stadtzentrum

Die vorher genannten Attraktionen sind überwiegend sehr kostenintensiv - jedoch unbestritten sehr sehenswert. Was der Toronto-Besucher jedoch kostenlos zu bieten bekommt, das ist eine große Zahl an interessanten und sehenswerten Gebäuden in der Downtown. Vielseitig ist die Palette der Gebäude der Innenstadt. Alte schäbige Wohnbauten und kleine gepflegte viktorianische Häuser gehören ebenso zum Bild der Downtown wie moderne verspiegelte Hochbauten. Die verschiedenen Baustile und Größen der Gebäude sind ein Zeugnis der abwechslungsreichen Stadtgeschichte und der wirtschaftlichen Bedeutung Torontos. Allein die drei Verwaltungsgebäude Old City Hall, City Hall und Metro Hall schreiben mehr als 100 Jahre Stadtgeschichte. Downtown Toronto ist voller Zeugnisse, die man zu Fuß entdecken kann. Diese interessanten Mosaiksteine der bunten Downtown können den Besucher mitunter mehr begeistern als manche künstlich geschaffene Sehenswürdigkeit.

**Die Bank Towers -
die Wolkenkratzer der Banken**

Will man die Lage der Wolkenkratzer beschreiben, so muss man nicht einmal übertreiben sagen, sie stehen im Zentrum des Zentrums. Die vielleicht interessantesten, sicher aber modernsten Gebäude sind die riesigen Hochhäuser der Banken, die sich im Zentralen Geschäftsbereich scheinbar konkurrierend in den Himmel strecken. Diese sogenannten „Bank Towers" haben Eigenschaften, die nahezu einzigartig sind. Auf nur wenigen Quadratmetern stehen diese Riesen. Das höchste Gebäude **"First Canadian Place"** der Bank of Montreal verfügt über 72 Stockwerke und steht an der King Street West. Östlich an der gleichen Straßenseite steht „Scotia Plaza" ein fast gleichhoher schlanker Tower. Direkt gegenüber an der anderen Straßenseite der King Street steht der **"Commerce Court"** mit 7.400 Fenstern, die natürlich nicht zu öffnen sind. Nur wenige Meter westlich spenden die drei schwarzen Hochbauten des „Toronto Dominion Centres" viel Schatten. Ein weiterer Bank Tower ist der „Royal Bank Plaza", an der Ecke Bay Street/Wellington Street. Diese Tower faszinieren den Besucher und prägen wie der CN-Tower und SkyDome die Skyline von Toronto und bieten sich als phantastische Fotomotive an. Die zuletzt gebauten Wolkenkratzer sind die **"Canada Trust Towers"** mit ihren treppenförmigen oberen Stockwerken. Sie stehen an der Ecke Bay Street/Front Street. Erheiternd ist die Vorstellung, daß sich die Angestellten in mehr als 200 Meter Höhe aus verschiedenen Hochhäusern noch auf die Finger schauen können. Jedoch gibt es neben den Ausblicken auf die benachbarten Hochhäuser mizunter auch schöne Ausblicke zum Beispiel auf den Ontariosee und Toronto Island.

Old City Hall

Das alte Rathaus ist ein auffallender Sandsteinbau, der zu den alten Verwaltungsgebäuden gehört. Für die Architektur zeichnet sich E.J. Lennox verantwortlich. Die Old City Hall entstand zwischen 1889 und 1899 und steht an der Ecke Queen Street/Bay Street, gegenüber der neuen City Hall. Das Gebäude begeistert durch seine kleinen Türmchen. Auffallend ist die Turmuhr, die vor den gigantischen verspiegelten Wolkenkratzern ein phantastisches Fotomotiv darstellt und an Big Ben erinnert. Gegen Abend wird das alte Rathaus durch zahlreiche Lichterketten beleuchtet, was die tagsüber seriöse Erscheinung ins Kitschige umschlagen läßt.

New City Hall

Eines der auffallendsten Gebäude Torontos, die Neue City Hall steht an der Ecke Queen Street/Bay Street. Das 1965 gebaute Verwaltungsgebäude trägt die Handschrift des finnischen Architekten Viljo Revell. Unzählige Büros sind in den beiden Türmen untergebracht. In der Eingangshalle informiert ein Schalter über die Lage der Büros, und ein großes Stadtmodell zeigt die geplanten Neubauten der Metropole. Auf gleicher Ebene befindet sich eine umfangreiche öffentliche Bibliothek. Vor dem zweitürmigen Rathaus auf dem Nathan Philips Square trifft sich die Bevölkerung. Im Winter schnallen sich Alt und Jung die Schlittschuhe unter und laufen auf der vereisten Wasserfläche und wenn es dann dunkel wird begeistert die Beleuchtung unter den Bögen. Im Sommer finden auf dem Platz zahlreiche interessante Aktionen statt. Die Beamten der Stadtverwaltung sitzen um das Wasserbecken und tauchen ihre „strapazierten" Füße in das kalte Wasser ein. Ein Anziehungspunkt ist die beeindruckende Skulptur „The Archer" des britischen Bildhauers Henry Moore (eine umfangreiche Henry Moore Sammlung ist in der Art Gallery of Ontario, Dundas Street, zu sehen).

Osgoode Hall

In unmittelbarer Nachbarschaft der neuen City Hall steht ein weiteres historisch bedeutendes Gebäude (116-138, Queen Street West). Es ist die Osgoode Hall, benannt nach William Osgoode, dem ersten obersten Richter der Provinz. Osgoode Hall wurde als Sitz des obersten Gerichtes von „Upper Canada" gebaut. Mit dem Bau begann man 1829, und es dauerte einige Jahre bis die letzten Teile 1846 fertiggestellt waren. Mitte des 19. Jahrhunderts lag die Osgoode Hall am nördlichen Stadtrand, und das Umland war überwiegend durch Viehhaltung und Ackerbau geprägt. Um das Gerichtsgelände vor eindringenden Kühen zu schützen, wurde 1866 der massive Eisenzaun errichtet. Für Besucher wurde einer der ersten Gerichtsräume wieder wie 1867 gestaltet. Gäste sind in der Osgoode Hall willkommen. Sie können jedoch nicht alle Räume besichtigen.
Info: Tel. 416-3275000

Metro Hall

In der zeitlichen Reihenfolge der Verwaltungsgebäude steht die Metro Hall an letzter Stelle. 1992 wurde das moderne und ansprechende Gebäude eingeweiht. Es steht an der John Street (Nummer 55), südlich der King Street, in unmittelbarer Nähe der Roy Thomson Hall. Die Metro Hall hat die Verwaltungsfunktion von Metropolitan Toronto mit seinen sechs Städten übernommen. In dem 27geschossigen Bauwerk sind 13 wichtige Abteilungen untergebracht. Bedeutend ist auch die „Metro Urban Affairs Library", eine stadtgeographische Bibliothek. Besucher sind in der Metro Hall herzlich willkommen. Sie werden von dem hellen und modernen Gebäude begeistert sein. Einladend ist auch das kleine Restaurant. Die Metro Hall ist an das unterirdische Fußwegenetz angeschlossen, mit dem Anschluß an die U-Bahnstation St.Andrews.

Ontario Parliament Building

In der Reihe der Verwaltungs- und Regierungsgebäude besticht das Ontario Parliament Building. Dieser interessante Regierungsbau im Zentrum gehört zu den Sehenswürdigkeiten, die auf jeden Fall auf dem Programm stehen sollten. In dem gepflegten Queen's Park befindet sich der romanische Sandsteinbau, mit dessen Bau 1886 begonnen wurde. Der Amerikaner Richard Waite zeigt sich für die Architektur verantwortlich. Kleine Türmchen mit Kuppeldächern, große Fenster mit Rundbögen und gegensätzliche, zierlich wirkende, runde Fenster kennzeichnen die beeindruckende Erscheinung des hellbraunen Sandsteinbaus. Im Inneren sind die Schnitzarbeiten des schottischen Meisterschnitzers William McCormack bemerkenswert. Er bearbeitete wertvolles Mahagonieholz und Bergahorn. Im Sommer ziehen die alten Bäume und sauberen Rasenflächen des kleinen Queen's Park die Stadtbewohner oder die Büroarbeiter zum Picknick oder zur Pause

Sehenswerte Gebäude im Stadtzentrum

Ontario Parliament Building mit Queens Park

an. Sieht man die spielenden Kinder, die sonnenbadenden Eltern und die herumspringenden Eichhörnchen, die sich so manchen Imbiss von den Parkbesuchern erhaschen, glaubt man kaum, im Zentrum einer vier Millionen Einwohner zählenden Metropole zu sein. Im Park stehen die Statuen von Sir John A.Macdonald, dem ersten kanadischen Premierminister und Edward VII. Nähere Infos unter Tel. 416-3257500

Mackenzie House

Das schöne viktorianische Mackenzie House wurde bereits 1858 gebaut, in einer Zeit in der Toronto noch eine Kleinstadt war. Es steht zentral an der Bond Street (Nummer 82), zwei Blöcke östlich des Eaton Centres (nächste U-Bahnstation Dundas). 1857 wurde dieses hübsche Wohnhaus gebaut, und zwei Jahre später erhielt es William Lyon Mackenzie für sein lebenslanges Bemühen das kanadische politische System zu reformieren. Er war ein bedeutender Herausgeber und wurde 1834 erster Bürgermeister des damals noch winzigen Torontos. 1837 leitete er die bedeutsame „Upper Canada Rebellion". Heute kann man das sorgfältig restaurierte Mackenzie House besichtigen, und die kostümierten Führer erzählen von den alten Zeiten, als die Mackenzies das Haus noch bewohnten. Zu dem beeindruckenden Innenleben gehört die viktorianische Küche und die Druckerei. Weitere Infos unter: Tel. 416-3926915

Das Mackenzie Haus gehört wie das alte Fort York aus dem Jahre 1793/1812 (Garrison Road), das Marine Museum (Exhibition Place) in der Stanley Barracke von 1841, das Wohnhaus Colborne Lodge aus dem Jahre 1837 (südlich im High Park) und die prächtige Villa Spadina von 1866 (285, Spadina Road) zu den fünf historischen Sehenswürdigkeiten des „Toronto Historical Board" (205, Yonge Street, Toronto, Ontario, M5B 1N2, Tel. 416-3926827).

Campbell House

Wie das Mackenzie House gehört auch das Campbell House zu den schöne alten Gebäuden der Stadt, die noch an die einstige Kleinstadtidylle erinnern. Es war das Wohnhaus des Schotten Sir William Campbell, der sechste oberste Richter von Upper Canada. Campbell Haus wurde im Jahre 1822 an der Adelaide Street erbaut und 150 Jahre später, im Jahre 1973 demontiert und sorgfältig in der Queen Street (Nummer 160) wiederaufgebaut. Heute gehört das Haus einer Anwaltgesellschaft und kann besichtigt werden. Info: Tel. 416-5970227

Massey Hall

Ein interessantes und auffallendes Konzertgebäude ist die Massey Hall. Unweit des Eaton Centres, an der Victoria Street steht die Massey Hall, in dem zahlreiche Veranstaltungen stattfinden. Rockgruppen fühlen sich hier ebenso zuhause wie der Toronto Mendelssohn Chor oder das Toronto Symphonie Orchester. Vor mehr als 100 Jahren, im Jahre 1894 öffnete Massey Hall seine Pforten und erfreute seitdem das Publikum neben Musikveranstaltungen mit den Reden und Vorträgen zahlreicher Prominenter. Sir Win-

Sehenswerte Gebäude im Stadtzentrum

Roy Thomson Hall

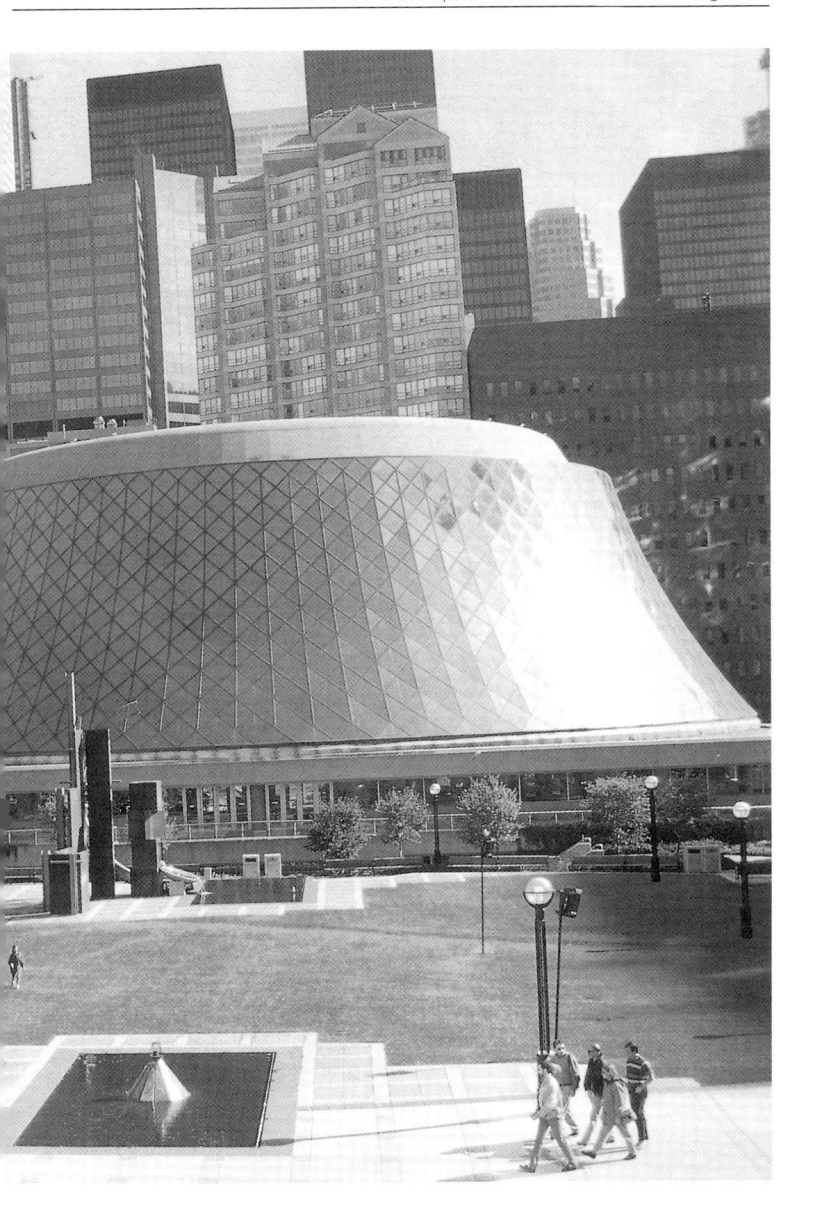

VII. Was hat die Metropole zu bieten - die Sehenswürdigkeiten

Sehenswerte Gebäude im Stadtzentrum

Universität

ston Churchill sprach hier, und die weltberühmten Polarforscher Robert Peary und Roald Amundsen erzählten von ihren Expeditionen.

Royal Alexandra Theatre

Unabhängig von der lohnenswerten Aufführungen ist allein das Gebäude Royal Alexandra Theatre sehenswert. Ein lohnenswerter Weg also zum Theater, nördlich der neuen Metro Hall, an der King Street. Im Jahre 1906 beauftragte der 21jährige Millionär Cawthra Mulock den Architekten John Lyle das schönste Theater des Kontinents zu bauen. Das Resultat war ein 1.479 Besucher fassendes Meisterstück. Patronin des Theaters wurde die Prinzessin Alexandra von Dänemark, und so konnte Mulock sein Theater königlich (Royal) nennen. Nach dem Zweiten Weltkrieg ging die Bedeutung des Theaters zurück. Erst nach 1963 konnte das Theater mit Unterstützung von „Honest Ed's" seinen einstigen Ruhm zurückgewinnen. Info: 416-5934211

Roy Thomson Hall

An Tradition und Geschichte kann die Roy Thomson Hall den erwähnten Bühnen Massey Hall und Royal Alexandra Theatre natürlich nicht das Wasser reichen, aber das Gebäude mit seiner futuristischen Architektur beeindruckt doch sehr. Dieser gigantische verspiegelte Kuppelbau im Schatten der Wolkenkratzer, genauer gesagt zwischen Bank Towers und der Metro Hall, an der King Street West wurde bereits 1981 gebaut. Für seine faszinierende Architektur ist der kanadische Architekt Arthur Erickson verantwortlich. In dieser Konzerthalle sind auch die Toronto Symphoniker zuhause.

University of Toronto

Die University of Toronto ist die bedeutendste und größte Universität des Landes wurde bereits 1827 gegründet. Wie Toronto, so vergrößerte sich die Universität, und mittlerweile studieren an drei Universitäten rund 53.000 Studenten aus Kanada und unzähligen Ländern. Das riesige Universitätsgelände liegt in der nordwestlichen Ecke der Downtown, umgeben von Bloor Street (nördlich), Bay Street (östlich), College Street (südlich) und Spadina Avenue (südlich). Auf dem großen Downtown Campus herrscht ein reges Treiben, und die Studenten regenerieren sich bei schönem Wetter auf den Rasenflächen. Zu den interessantesten Bauwerken gehört das University College aus dem Jahre 1859. In dem benachbarten Croft Chapter House spukte über Jahrzehnte der Geist eines Steinmetzes, der während des Baus, Ende der 1850er Jahre getötet wurde. Weitere sehenswerte Gebäude sind die beeindruckende gotische Große Halle (Great Hall) des Hart Hauses (Hart House), Old Observatory, Knox College und das medizinische Gebäude (Medical Science Building). Die Universität von Toronto, die respektvoll als „Harvard of the North" bezeichnet wird, hat einige Referenzen vorzuweisen. 1922 gewannen Dr. Frederick Banting und Dr. Charles Best das erste Insulin, und der erste elektrische Herzschrittmacher wurde entwickelt.

Die vielgebrauchte Abkürzung U of T bedeutet University of Toronto und

Sehenswerte Gebäude im Stadtzentrum

Die Kirche St. Andrews

steht für drei verteilte Bildungskomplexe: U of T - St.George Campus das bedeutendste ın der Downtown; U of T Scarborough Campus, in der östlichen Stadt Scarborough und in der westlichen Stadt Mississauga das U of T - Erindale Campus.

Informationsmaterialien und Karten zu den Universitäten erhält man vom „Department of Public Affais" (Tel. 416-9786564), in der Nähe des zentralen University College, am King's College Circle. Es werden auch kostenlose Führungen über den Campus angeboten.

St.James' Cathedral

Leider ist die Zahl der alten und sehenswerten Kirchen in Toronto sehr gering. Hier spielt die junge Geschichte der Stadt eine bedeutende Rolle. Eine der älteren Kirchen steht in der nordöstlichen Ecke der Downtown, an der Ecke King Street East/Church Street. Die St.James Kirche hatte bereits drei Vorgänger und so wurde mit dem ersten Skaralbau bereits im Jahre 1803 begonnen. 1818 wurde die Kirche vergößert und im Jahre 1830 wurde der Holzbau dann durch einen Steinbauersetzt, der widerum nach 9 Jahren einem Feuer zum Opfer fiel. Die nachfolgende Bau brannte 1849 erneut nieder und machte so dem gegenwärtigen Kirche Platz. Dieser Sakalbau wurde von Frederick William Cumberland entworfen und 1953 erbaut. St.James hat ein schönes Innenleben mit liebevoll geschnitztem Holzinventar und bunten Glasfenstern. Die künstlerisch gestaltete Scheibe am „Lady Altar" ist um die Jahrhundertwende von Tiffany, New York angefertigt worden. Einzigartig ist auch der 92 Meter (300 Fuß) hohe Kirchturm. Er ist der höchste in Kanada und wurde von Schiffern auf dem Ontariosee als Landzeichen verwendet. Es finden Führungen und Orgelkonzerte statt.
Info: Tel. 416-3647865

St.Andrew's Presbyterian Church

Die Kirchengemeinde St.Andrew's Presbyterian Church gehört zu den älteren Gemeinden Torontos und wurde 1830 gegründet und. Mit der 1875/76 erbauten Kirche erhielt die Gemeinde ein Bauwerk, das heute im Stadtzentrum mehr darstellt als ein sakrales Bauwerk. Die Kirche steht an der Ecke King Street West/Simcoe Street in unmittelbarer Nähe zu gigantischen ultramodernen Wolkenkratzern. In dieser Umgebung ist sie ein eindrucksvolles Zeugnis einer schnell wachsenden Stadt. Architekt der Kirche war William G.Storm (1826-1892) und auch für das Hauptgebäude, das University College (1859), der Universität ist er verantwortlich.

Ontario Hydro

Nach all den beschriebenen alten, historischen, gigatischen und sehenswerten Gebäuden erweitert ein weiteres Bauwerk den die breitgefächerte Palette der Architektur in Toronto. Es ist der Firmensitz Ontario Hydro, an der University Avenue, direkt gegenüber vom Ontario Parliament Building, ein weitaus moderneres Gebäude als die bisher aufgeführten historischen Bauten. Dieser große verspiegelte, sichelförmige Bürobau ist das Aushängeschild und der Hauptsitz des bedeutenden Energielieferanten Ontario Hydro. Das Gebäude ist aufgrund der Energiegewinnung interessant. Das Sonnenlicht beheizt dieses Bauwerk, und die gewonnene Wärme zirkuliert durch das gesamte Gebäude.

Das unterirdische Fußwegenetz P.A.T.H.

Ein herausragendes Merkmal der Downtown befindet sich unter den beeindruckenden Hochbauten des CBDs. Es ist ein großes unterirdisches Fußwegenetz mit einer Länge von rund 10 Kilometern. Dieses Netz verbindet 8 Blöcke (Bürokomplexe, Verwaltungen, Bankenviertel, Einkaufszentren...) miteinander und ermöglicht dem Stadtbesucher oder dem Arbeitnehmer einen angenehmen Aufenthalt bzw. Weg zur Arbeit während der strengen Wintermonate und entlastet auch die sonst so überfüllten Bürgersteige. Hierbei sei auch erwähnt, daß andere Winterstädte wie Galgary, Montreal und andere ihren winterlichen Schutz für die Stadtbesucher nicht in den Untergrund, sondern in die Höhe verlagert haben. Es wurden die sogenannten Skyways oder Skywalks, geschlossene und verglaste Fußgängerbrücken, die über die Straße führen und Gebäude verbinden, gebaut. Eine der wenigen Skywalks in Toronto stellt die Verbindung von dem großen Kaufhaus „The Bay" zum Eaton Centre über die Queen Street dar. Hier spielt jedoch das unterirdische Wegenetz eine stärkere Rolle. Diese vertikale Trennung von Fußgänger- und Autoverkehr wurde bereits 1959 vom Planungsamt der Stadt Toronto vorgeschlagen. Begonnen wurde 1965 im Tiefgeschoß des Richmond-Adelaide Bürogebäudes mit einem kleinen unterirdischen Einkaufszentrum. In den Folgejahren wurde der unterirdische Zentrenausbau zügig vorangetrieben. Auch heute ist der Ausbau noch nicht abgeschlossen, denn aufgrund der starken Nachfrage nach Büroräumen in der Downtown werden beim anstehenden Bau neuer Bürogebäude weitere unterirdische Zentren entstehen. Das beeindruckende unterirdische Fußwegenetz präsentiert sich teilweise über drei Ebenen und verfügt über mehrere U-Bahn Stationen. Ohne das „Underground Pedestrian Network" würde ein Verkehrschaos eintreten, da die Kapazität der Bürgersteige nicht ausreichend ist. Die unterirdischen Wege, deren oberirdische Zugänge mit P.A.T.H. gekennzeichnet sind, sind überwiegend sehr saubere und modern gestaltete Passagen, die neben unzähligen Geschäften auch über Fast-Food Restaurants verfügen. Der Bewohner außerhalb der Downtown kann nach der Anfahrt mit der U-Bahn durch dieses unterirdische System Einkäufe, Behördengänge und Bankbesuche erledigen, ohne einen Meter im Freien gelaufen zu sein.

Cabbagetown und St.James Town - zwei gegensätzliche Stadtviertel

Cabbagetown

Neben den zahlreichen historischen und kulturellen Gebäuden in der Downtown gehört das schöne Stadtviertel Cabbagetown im Nordwesten zu den Sehenswürdigkeiten der Downtown. Begrenzt von Sherbourne Street, Don Valley Parkway und Bloor Street East stehen hübsche und gut erhaltene viktorianische Wohnhäuser. Eine Art Bauernhof in der Stadt stellt die Riverdale Farm in der Winchester Street Nummer 201 dar. Neben dem alten Bauernhaus beeindruckt die Scheune aus dem Jahr 1858. Info: Tel. 416-3926794.

St. James Town

Das Stadtviertel St. James Town, in der nordöstlichen Ecke der Downtown, ist in vieler Hinsicht auch für den Stadtbesucher interessant. Vom CN-Tower unübersehbar sind die vielen riesigen Apartmenthochhäuser, die man in Richtung Norden sieht. Sie sind zu Fuß oder mit der U-Bahn (Haltestelle Sherbourne) gut zu erreichen.

Die Planung bis hin zum langersehnten Bau von St.James Town hat Geschichte gemacht. Ein trauriges stadtplanerisches Kapitel wird geprägt durch fragwürdige Methoden, Bauland zu gewinnen:

In den 70er Jahren des vorigen Jahrhunderts wurden in der nordwestlichen Ecke zwischen Parliament Street, Wellesley Street, Sherbourne Street und Bloor Street genau 435 zwei- und dreigeschossige Wohnhäuser gebaut.

1953 verabschiedete der Stadtrat (Toronto City Council) den Plan „Urban Renewal", der für eine höhere Bevölkerungsdichte in der City of Toronto sorgen sollte. Eine Hochhaussiedlung östlich der Yonge Street und südlich der Bloor Street sollte entstehen. Dieser „Superblock" sollte über 16 Apartmenthochhäuser verfügen. Ein Quadratmeter beanspruchte Fläche sollte 3,5m^2 Wohnraum bieten. In den 50er Jahren bildete sich das Parliament Street Syndicat mit Immobilienfirmen, die Häuser und Grundstücke aufkauften, und 1956 waren bereits mehr als die Hälfte der Häuser in den Händen der Immobilienfirmen. Im festen Glauben, alle Grundstücke würden zügig erstanden und der Bau des Superblocks könnte rasch beginnen, baute man zunächst im Zentrum von St.James Town zwei Apartmentriesen, die sogenannten Barbara Apartments (Ontario Street 700 und 730). Da man jedoch mit dem Bau aller Apartmenthochhäuser erst nach dem Abriß der kleinen Wohnhäuser beginnen konnte und die Hälfte der Hausbesitzer ihre Häuser nicht verkaufen wollten, bediente man sich fragwürdiger Taktiken (Block-Busting). In die zahlreichen erstandenen Häuser setzte man Mieter, von denen man annehmen konnte, daß sie das Haus und den Wohnraum nicht pflegen, sondern stark vernachlässigen würden. Vielfach suchte man Mieter aus, die auch mit Alkoholproblemen zu kämpfen hatten. Die Rechnung ging auf: Reparaturen am Haus wurden nicht gemacht, die Straße nicht gefegt und im Winter nicht geräumt, der Garten nicht bearbeitet, Müll sammelte sich in den Gärten, nächtliche Feiern endeten mit Prügeleien, und Feuer war ein ständiges Risiko. Versicherungen nahmen aufgrund der hohen Brandgefahr die Häuser von St.James Town nicht mehr in die Versicherung auf. Allmählich verfielen die Wohnhäuser (Residential Blight), und es veränderte sich das Bild der einst so idyllischen Siedlung. Die Hausbesitzer, die sich einst mit aller Kraft gegen den Verkauf ihres Hauses sträubten, sahen keinen Sinn mehr darin, weiter in dieser unattraktiven und mittlerweile schäbigen und teilweise kriminellen Neighbourhood zu leben. Sie verkauften ihr Haus und Grundstück und machten Platz für die modernen Apartmenthochhäuser. Dieses Vorgehen wurde oft nachgeahmt, und so mußten vielfach kleine Wohnhäuser den „Apartmentriesen" weichen. 1969 wurde durch den Bebauungsplan, den Official Plan, die Gestalt der neuen St.James Town bestimmt, und so entstanden in den 70er Jahren weitere Wohnhochhäuser, die sich auf eine Zahl von 17 addierten. Diese gigantischen Wohnhäuser verfügen über bis zu 30 Etagen und insgesamt rund 6.000 Wohneinheiten, die rund 12.000 Menschen Wohnraum bieten. Die besonders bei Stadtplanern beliebte Idee „Tower in the Park", oder „Stadt in der Stadt - a city within a city" wurde in die Realität umgesetzt. St.James Town wurde Torontos größte Siedlung mit Apartmenthochhäusern. Im Zentrum von St.James Town liegt die Schule Rose Avenue Public School, und zu den weiteren Einrichtungen gehören unzählige Geschäfte (Supermärkte, Reisebüro, Fast-Food, Fotoladen, Elektrogeschäft, Drogerie, Friseur, Reinigung, Schuhgeschäft...). In einem ansäßigen Immobilienbüro kann man sich vor Ort über freie Apartments informieren. Eine gute Verkehrsanbindung hat St.James Town durch die U-Bahnstation Sherbourne.

Heute präsentiert sich St.James Town als dichtbesiedelter Stadtteil. Das Erscheinungsbild ist längst nicht so freundlich, wie es die Idee „Tower in the Park" versprach. Anonymität und der fehlende Bezug der Bewohner zu ihrer Siedlung sind allgegenwärtig und zeigen sich vielfach in Vandalismus. Besonders eindrucksvoll ist der Gegensatz der alten Wohnhäuser zu den modernen Hochbauten, und so stehen an der südlichen Straßenseite der Wellesley Street East noch die zwei- und dreigeschossigen Wohnhäuser, die gegen Ende des vorigen Jahrhunderts erbaut wurden. Im Norden von St.James Town, an der Howard Street, auf dem Gelände des frühzeitig definierten „Superblocks" sieht man einige Häuser, die trotz des Block-Bustings nicht gewichen sind.

St. James Town ist mehr als nur ein dichtbesiedeltes Wohnviertel. Es ist ein kleiner schwarzer Fleck in der Stadtgeschichte und der Vorreiter zahlreicher Wohnsiedlungen. Wer also St.James Town besucht hat, wird nach seinem Urlaub nicht nur die dominierenden Sehenswürdigkeiten, wie CN-Tower und SkyDome, Shopping im Eaton Centre und einen sonnigen Nachmittag auf Toronto Island in Erinnerung behalten, sondern vielmehr auch an dieses Stadtviertel denken.

Museen und Galerien

Nicht nur die, im wahrsten Sinne des Wortes, herausragenden Sehenswürdigkeiten, wie der CN-Tower oder die gigantischen Bank-Towers gehören zu den Highlights der Metropole, sondern auch die einladenden Museen und Galerien. Hierbei besticht in erster Linie die Vielseitigkeit des Angebotes, das u.a. geschichtliche Museen, Eishockey Museum, Automobilmuseum, Schuhmuseum oder Marine Museum und zahlreiche Kunstmuseen und Galerien beinhaltet.

Royal Ontario Museum

Das Royal Ontario Museum (kurz ROM) gehört sicherlich zu den bedeutendsten Museen der Stadt. Es liegt nördlich vom

Queen's Park und hat eine zentrale Lage. Am 19.3.1914 öffnete das Museum seine Pforten. Gründungsväter waren Sir Byron Edmund Walker und der Archäologe Dr.Charles Trick Currelly. Bis 1955 war das Museum in die fünf Bereiche Archäologie, Geologie, Mineralogie, Paläontologie und Zoologie aufgeteilt. 1968 wurde das Museum von der Universität unabhängig. In diesem Jahr wurde auch das Planetarium eröffnet, das mit Hilfe einer Spende von 2 Mio. Dollar erbaut wurde. In den Jahren zwischen 1978 und 1980 blieb das Hauptgebäude geschlossen und wurde mit einem Kostenaufwand von stolzen 55 Mio. Dollar renoviert.

Heute präsentiert sich das ROM als größtes Museum Kanadas. Der Besucher benötigt bei den umfangreichen und sehenswerten Ausstellungen einen ganzen Tag, will er den interessanten Sammlungen gerecht werden. Das Museum beeindruckt durch die Größe mit hohen Hallen und der stilvollen Aufmachung. Ausstellungen zum Thema Entwicklung der Menschheit, chinesische Geschichte mit Tempelkunst, Mineralien, Evolution, Reptilien, Botanik und Dinosaurier. Inhalte der sozialen, technischen, historischen und künstlerischen Entwicklung der europäischen und mediterranen Kultur werden in der zweiten Etage dargestellt. Eine besonders ansprechende Ausstellung widmet sich der Geschichte Ontarios. Von Mammutjägern bis zur Gegenwart wird die Geschichte der Provinz beeindruckend dargestellt. Eine Besonderheit, die auch baulich sehr gut integriert wurde, sind die vier Totempfähle. Sie stammen aus British Columbia und wurden in der zweiten Hälfte des 19.Jahrhunderts angefertigt. Der Längste mißt rund 25$^1/_2$ Meter.

Hält man sich bei Betreten des Museums links, so gelangt man nach dem Passieren der Bücherei und dem Archiv in das McLaughlin Planetarium. Dieses „Theater der Sterne" gehört zu den beliebtesten Sehenswürdigkeiten Torontos. 80 Projektoren bringen den 340 möglichen Besuchern die Welt der Sterne nahe. Gegenüber dem Hauptgebäude an der Queen Street steht das „George R.Gardiner Museum of Ceramic Art". Es ist das einzige spezielle Keramikmuseum in Nordamerika. In einer ansprechenden Umgebung wird eine Kollektion von rund 2.000 Stücken verschiedener Stilrichtungen und Perioden gezeigt. Näheres über das besuchenswerte Royal Ontario Museum erfährt man unter: Royal Ontario Museum, 100 Queen's Park, Toronto, Ontario, M5S 2C6, Tel. 416-586-5569.

Art Gallery of Ontario

Wer sich für Kunst interessiert, kommt an der Art Gallery of Ontario nicht vorbei. Sie befindet sich an der Dundas Street, östlich von Chinatown. In diesem modern eingerichteten Museum befinden sich die Ausstellungen in großen lichten Hallen auf zwei Ebenen. An der großen Henry Moore Skulptur „Two Forms" ist das Museum unschwer zu erkennen.

Die Art Gallery of Ontario (kurz AGO) ist das umfangreichste Kunstmuseum in Kanada. Bekannt ist die AGO wegen ihrer großen Sammlung des britischen Künstlers Henry Moore (1898-1986). Die Kollektion ist die bedeutendste in der Welt und die beeindruckenden Skulpturen sind in einer von Henry Moore entworfenen Halle untergebracht. Die Moore Sammlung beinhal-

Museen und Galerien

tet neben den Skulpturen auch Zeichnungen und Drucke.

Eine weitere lohnenswerte Ausstellung ist der Kunst der Eskimos (Inuits) gewidmet. Darüber hinaus beinhalten mehrere Ausstellungen die Werke kanadischer Künstler. Hierbei wird unterschieden zwischen zeitgenössischer Kunst, kanadischer Kunst bis 1960 und Kunst des 20.Jahrhunderts.

Spezielle Ausstellungen, die jedoch nur kurzzeitig in der AGO untergebracht sind, erfordern vielfach ein zusätzliches Eintrittsgeld. Generell ist der Besuch der AGO sehr lohnenswert, da dem Besucher insbesondere die kanadische Kunst nahegebracht wird. Die ansprechenden Räumlichkeiten und die detaillierten Informationen (Englisch, Französisch) ermöglichen einen angenehmen Museumsaufenthalt. Das für Behinderte gut zugängliche Kunstmuseum verfügt über ein Restaurant, einen „Gallery Shop" und ein Informationszentrum. Wer mit der U-Bahn anfährt, sollte an der Station St.Patrick aussteigen. Ein fester Nachmittag in der Woche ist eintrittsfrei. Nähere Informationen erhält man unter: Art Gallery of Ontario, 317 Dundas Street, Toronto, Ontario M5T 1G4, Tel. 416-979-6648.

The Eskimo Art Gallery

Neben der Art Gallery of Ontario beinhaltet auch die **„The Inuit Gallery of Eskimo Art"** Kunstwerke der Eskimos. Die Galerie umfasst die größte Auswahl von Inuit Skulpturen in Toronto und ist 7 Tage in der Woche geöffnet. Sie befindet sich an der Harbourfront, 12 Queen's Way West, Tel. 416-366-3000.

McMichael Canadian Art Collection

Die McMichael Canadian Art Collection befindet sich, eingebettet in eine reizvolle Landschaft des Humber River Tales, in Kleinburg (Vaughan). Sie verfügt über eine bedeutende Sammlung interessanter Werke kanadischer Künstler. Die schönen Bilder, Drucke und Skulpturen haben ihren würdigen Platz in großen lichten Hallen eines Natursteingebäudes. Allein die wunderschöne Umgebung und das interessante Museumsgebäude sind einen Besuch wert. Zu den bedeutenden Objekten gehören die Werke der bekannten Landschaftsmaler, der „Group of Seven", eine Sammlung von Inuit-Kunst und zeitgenössische Werke der Indianer. Bedeutende und bekannte Maler sind Alfred Joseph Casson (1898- 1943), Tom Thomson (1877-1917), Lawren Stewart Harris (1885-1970), James Edward Hervey MacDonald (1873-1932) und Clarence Alphonse Cagnon (1881- 1942). Zahlreiche Fenster ermöglichen einen Ausblick auf den umliegenden Wald und das Tal. Rund um die Galerie lädt die Natur zum Spazierengehen oder im Winter zum Skilaufen ein.

Die McMichael Canadian Art Collection erreicht man über die Highway 400 in nördliche Richtung, nimmt dann die Abfahrt Mackenzie Drive West (Exit 35) in westliche Richtung und folgt dem Schild mit dem Ahornblatt auf der Islington Road Richtung Norden bis zum Museum. Die Adresse lautet: McMichael Canadian Art Collection, 10365 Islington Avenue, Kleinburg, Ontario, L0J 1C0, Tel. 905-8931121

Art Gallery of North York

Eine weitere sehenswerte Galerie ist

die Art Gallery of North York. Sie zeigt auf zwei Etagen Kunstwerke zeitgenössischer kanadischer Künstler. Adresse: 5040 Yonge Street, Tel. 416-395-0067.

The Hockey Hall of Fame

Ein ganz besonderes Museum ist „The Hockey Hall of Fame" mit Ausstellungen rund um das Thema Eishockey. Sie steht im Süden der Downtown, in der Nähe des Bahnhofs, an der Ecke Yonge Street und Front Street. Umgeben von mehreren modernen Gebäuden fällt zunächst der alte Bau auf. Besonders witzig sind die Skulpturen „Eishockeyspieler an der Bande" gestaltet, die vor dem Gebäude an der Front Street stehen und die Aufmerksamkeit der Passanten auf sich ziehen. In dem Museum kann man unter anderem spannende Hockeyfilme sehen, auf ein computergesteuertes Tor schießen, eine original nachgebildete Umkleidekabine der Montreal Canadians besichtigen oder in einem Geschäft zwischen den zahlreichen Hockeyartikeln stöbern. In der „The Bell Great Hall" sind Trophäen ausgestellt. Zu den bedeutendsten gehört der begehrte Stanley Cup. Die nächsten U-Bahnstationen sind Union und King. Nähere Infos unter Tel. 416-360-7735

Bata Schuhmuseum (Bata Shoe Museum Collection)

Dieses interessante Museum rund um den Schuh erzählt von einer rund 4.500 Jahre alten Schuhs. Es verfügt über sehenswerte Ausstellungen, wie Basketballschuhe und Schuhe aus Sibirien. Die Sammlung umfaßt mehr als 10.000 Schuhe.

Das Museum steht in der Bloor Street 327, Tel. 416-979-7799 und ist ganzjährig geöffnet.

Marine Museum of Upper Canada

Das Marine Museum befindet sich auf dem Messegelände (Exhibition Place), in der Nähe des Ontariosees, südöstlich der Downtown (Tel. 416-3921765). In dem Marine Museum kann der Besucher die Geschichte der Schiffahrt und Besiedlung der Großen Seen verfolgen. Die Bedeutung des Hafens von Toronto wird erläutert, und neben viel altem Schiffszubehör sieht man Teile von Schiffswracks. Vor dem Museumsgebäude steht das alte und liebevoll restaurierte Dampfschiff „Ned Hanlan" aus dem Jahre 1932. Nicht nur die Ausstellungen ziehen den Besucher an, sondern auch das historische Gebäude aus dem Jahre 1841. Es gehört zu den ältesten Gebäuden von Toronto. Es ist die Stanley Barracke, ein Offiziers Quartier, das einzige übriggebliebene Gebäude von ursprünglich sieben Bauten, die ein neues Fort bildeten. Dieses Fort hieß bis 1893 New Fort, erhielt dann aber Lord Stanley, dem kanadischen Gouverneur, zu Ehren den Namen „Stanley Barracks".

Postamtmuseum

Toronto's first Post Office - das erste Postamt der Metropole ist heute noch in Betrieb und gehört zu den ältesten Ämtern des Landes, die nich in Betrieb sind. Es ist gleichzeitig ein Museum mit Ausstellungen und Inhalten, die bis in das Jahr 1851 zurückgehen. Nach Absprache sind auch Führungen möglich. Adresse: 260 Adelaide Street East, Tel. 416-865-1833

Abseits der Betonblöcke - Grünanlagen, Parks und Provincial Parks

Vor der Hockey Hall of Fame

Polizeimuseum
(Metro Toronto Police Museum)

Wer sich für die kanadische Polizeigeschichte interessiert, sollte das Polizeimuseum besuchen. Rund um das Thema Polizei und Kriminaldelikte informieren die interessanten Ausstellungen. Zu sehen sind u.a. alte Uniformen, Fahrzeuge und Waffen sowie eine alte Polizeistation zu Beginn des 19.Jahrhunderts und eine alte Zelle. Adresse: 40 College Street, Tel. 416-808-7020.

Textilmuseum

Das „Museum For Textiles" ist das einzige seiner Art in Kanada und wurde 1975 eröffnet. Es zeigt Ausstellungen rund um Stoffe und Textilien. Adresse: 55 Centre Avenue, Toronto, M5G 2H5, Tel. 416-599-5515.

Holocaust Museum

Das Holocaust Education and Memorial Centre of Toronto, das Holocaust Museum widmet sich einem mehr als dunklem Kapitel der deutschen Geschichte. Es ist den rund 6 Millionen Juden gewidmet, die während der 12 Jahren Nazi-Herrschaft den Tod fanden. Hier wird auch über die Erfahrungen der europäischen Juden, während und nach dem Zweiten Weltkrieg berichtet. Ein bedeutendes Museum zum einem wichtigen Thema. Adresse: 4600 Bathurst Street, M2R 3V2, Willowdale, Tel. 416-631-5689.

Weitere Museen

- Eisenbahnmuseum
  (Halton County Radial Railway),
  Rockwood, Tel. 519-8569802
- Jüdisches Museum
  (Beth Tzedec Museum),
  1700 Bathurst Street,
  Tel. 416-7813511
- Kanadisches Kriegsflugzeugmuseum (Canadian Warplane Heritage Foundation),
- Kanadas Automobilmuseum,
  99 Simcoe Street, Oshawa
- Hamilton Civic Airport,
  Tel. 905-6794183
- Markham Heimatmuseum
  (Markham Museum), Markham,
  Tel. 905-2944576
- Museum der Medizingeschichte
  (Museum of the History of
  Medicine), 288 Bloor Street West,
  Tel. 416-9220564
- Puppenmuseum (Puppet Centre),
  171 Avondale Avenue,
  Tel. 416-2229029
- Redpath Zucker Museum
  (Redpath Sugar Museum),
  95 Queens Quay East,
  Tel. 416-3663561
- William Ashley Kristall Museum
  (William Ashley Crystal Museum),
  50 Bloor Street West,
  Tel. 416-9642900

Abseits der Betonblöcke - Grünanlagen, Parks und Provincial Parks

Auch wenn sich der Besucher von den gigantischen Gebäuden und dem Alltag in der Metropole schnell begeistert zeigt, wird er sehr schnell einige Grünanalagen vermissen. Kaum vorstellbar, daß eine Metropole mit mehr als 4 Millionen Einwohnern über ruhige, idyllische Grünanlagen und romantische Parks verfügt. Selbst in der Downtown gibt es kleinflächige Grünanlagen, in denen die umherspringenden Eichhörnchen die Spaziergänger erfreuen. Größere Grünflächen und Parkanlagen gibt es außerhalb Torontos, entlang der Küste oder an den Ufern der Flüsse. Auch wenn Toronto weiter wächst und das immense Städtewachstum kaum aufzuhalten ist, sind sich die Stadtplaner darüber einig, daß die grünen Zonen ein wichtiger Teil der Stadt sind und bleiben sollen. Sie haben eine bedeutende Erholungsfunktion. Wesentlich abenteuerlicher und landschaftlich interessanter sind die beiden Provincial Parks. Die unter speziellem Schutz stehenden Provincial Parks haben in Ontario eine lange Tradition. Bereits vor mehr als 100 Jahren wurde im Jahre 1893 Algonquin unter Naturschutz gestellt. Der kleine Bronte Creek Provincial Park eignet sich für Familienausflüge, und der rund 2 1/2 Autostunden nördlich liegende Algonquin Provincial Park bietet sich für Outdoor Aktivitäten an. Hier erlebt der Urlauber Natur pur, abseits der Metropole. Wer jedoch abspannen will und nicht so weit fahren möchte, der kann nur wenige Kilometer von der Downtown entfernt auf der Insel Toronto Island, seine Ruhe finden.

Toronto Island

Die 14 vorgelagerte Inseln, die zusammen Toronto Island bilden, sind der bdeutendste Naherholungsraum. Toronto Island liegt südlich der Harbourfront, im Süden von Downtown Toronto, im Ontariosee Toronto Island.

Als der Gouverneur Simcoe 1793 an der Küste des Ontariosees ankam, fand er eine schützende Halbinsel um die Mündung des Don Rivers vor. Seine Frau Elizabeth Simcoe war begeistert. Sie wählte die Inseln zur Erholung, zum Picknick, zum Malen und zum Reiten. Seit den Simcoes hat Toronto Island seine Funktion als Erholungsinsel nicht verloren. Im frühen 19.Jahrhundert zog es Jäger und Fischer auf die Inseln, und bereits 1833 errichtete Michael O'Connor das erste Hotel. Um 1840 zählte man auf den Inseln zahlreiche Fischerhütten. Am 12.April 1858 herrschte ein verheerender Sturm, der einen mächtigen Graben aufriß und die Halbinsel vom Festland abtrennte. Seitdem hat sich die Gestalt der Inseln durch Erosion und Strandversetzung vielfach verändert. Heute ist Toronto Island jedoch erosionsgeschützt. Im Sommer 1872 wurde das erste Sommerhaus errichtet, und nachfolgend bauten immer mehr wohlhabende Bürger Torontos ihre Sommerresidenzen auf den Inseln Hanlan's Point und Centre Island. In der Nähe der Häuser von Hanlan's Point entstand ein kleiner Vergnügungspark. Die Inseln und der Hafen boten eine ganze Reihe Aktivitäten, wie Schwimmen, Kanufahren, Rudern, Segeln und im Winter Schlittschuhfahren und „Ice-Boating", ein Wettrennen mit Booten über Eis- und Wasserflächen. Gegen Ende des 19.Jahrhunderts wurden auf Ward's Island „Zelt-Gemeinschaften" errichtet. Diese konnten mit Genehmigung der Stadt (1931) durch Häuser ersetzt werden. In den Folgejahren stieg die Anzahl der Häuser. Insbesondere in den Nachkriegsjahren wurden viele Wohnbauten auf Algonquin gebaut. In den 50er Jahren entstand eine Art Hauptstraße mit Einrichtungen wie Hotels, Frisör,

VII. Was hat die Metropole zu bieten - die Sehenswürdigkeiten

Werkzeughandel, Milchgeschäft und Kino. Die drei Kommunen Hanlan's, Centre und Ward's verfügten über eigene Zentren, Sportmannschaften und Zeitungen. Die Bewohner lebten nun ganzjährig auf den Inseln und schickten ihre Kinder zur „Island School". 1953 entwickelte die neugeformte Regierung von Toronto einen Plan, die Inseln in Parks und Erholungsgebiete umzuwandeln. Ein langanhaltender Streit mit den Inselbewohnern endete mit dem Abriß von 500 Häusern. Die Bewohner von 260 stehengebliebenen Häusern auf Ward's und Algonquin Island erklärten der Stadt ihren verstärkten Willen zu bleiben und argumentierten, daß „Wohn- und Erholungsfunktion keine Gegensätze sein müssen". Als Antwort sicherte die Provinz von Ontario den Bewohnern ein Bleiberecht bis zum Jahr 2005 zu.

Das heutige geschützte Toronto Island ist das, was es von Siedlungsbeginn war, ein Naherholungsgebiet für die Stadtbewohner und Touristen. Hier gibt es im Sommer viel zu sehen, und es herrscht ein buntes Treiben auf den schönen Eilanden mit grünen Wiesen, Sandstränden und Dünen. Unter den Einrichtungen ist der Toronto Island Airport die bedeutendste. Hier starten und landen lediglich kleinere Propellermaschinen. Insgesamt leben gegenwärtig rund 700 Menschen in den auto-freien Kommunen von Ward's und Algonquin.

Die Inseln erreicht man mit den Fähren, die von der Harbourfront ablegen. Die relativ günstigen Fähren legen in der Hauptsaison alle 15 Minuten und in der Nebensaison alle 30 Minuten ab. Sie steuern Hanlan's Point, Centre Island und Ward's Island an. Die Fähranleger auf den Inseln sind durch Spa-

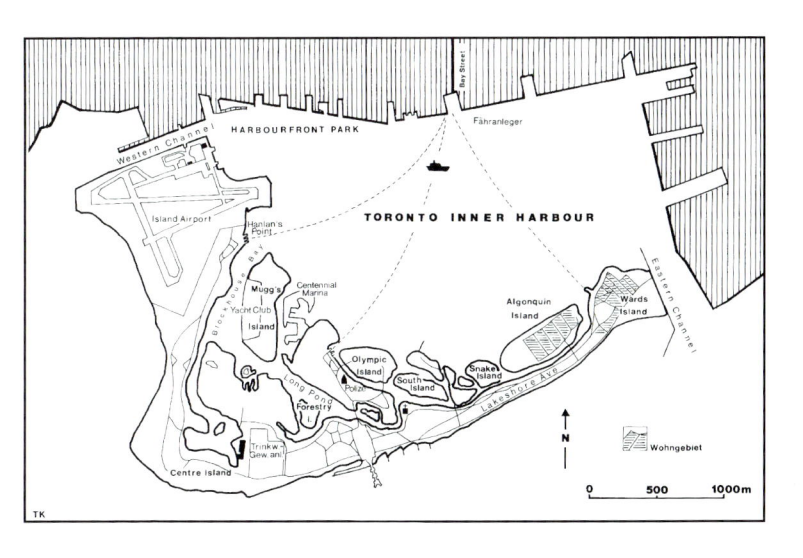

81

zierwege miteinander verbunden, so daß man von jeder Fährstation wieder zurückfahren kann.

Sehenswürdigkeiten und Aktivitäten:
Die Inseln sind für den Sommeransturm bestens ausgerüstet. Wichtig sind hierbei zunächst die bewachten Sandstrände mit Umkleidekabinen und Toilettenanlagen. Bei Notfällen stehen Erste-Hilfe-Stationen zur Verfügung. Zahlreich sind die Restaurants und Verpflegungsmöglichkeiten. Wer nicht nur am Strand liegen möchte, sondern aktiv seinen Toronto Island-Besuch gestalten will, der kann sich ein Fahrrad, ein Kanu, ein Ruderboot oder ein Pferd leihen. Sonst bietet sich das Wandern auf den vielen schönen Wegen an. Für die kleineren Besucher bieten sich „Bimmelbahn" und Wasserrutsche an. Weitere Infos unter: Tel. 416-3928193

High Park

Neben Toronto Island verfügt auch der High Park über ein umfangreiches Vergnügungsangebot. Der Park befindet sich in der südwestlichen Ecke der City of Toronto. High Park erstreckt sich westlich des Parkside Drives und wird nördlich durch die Bloor Street, südlich durch die Queensway und im Westen durch den See Grenadier Pond begrenzt. Er zählt zu den größten Stadtparks weltweit. In dem 161 Hektar großen Park ist im Winter wie im Sommer stets etwas los. Wenn auch stets viel Trubel herrscht, ist der Park nur selten überfüllt. Hier suchen zahlreiche gestreßte Stadtbewohner einen Ausgleich zum hektischen Business. Zum alltäglichen Sommerbild im Park gehören Jogger, spielende Kinder, Radfahrer, Sonnenanbeter, Picknicker und unzählige Spaziergänger. Im Winter laden die vereisten Wasserflächen zum Schlittschuhlaufen ein. Ein Teil des Parks ist ein Geschenk von John G.Howard, der in der 1837 gebauten Colborne Lodge (im Süden des Parks) lebte. 1873 stiftete er 67 Hektar der Stadt. Nach und nach erwarb die Stadt mehr Land und baute High Park zu einem Erholungs- und Freizeitgebiet für die stark wachsende Stadtbevölkerung aus. High Park verfügt u.a. über zahlreiche Spazierwege, große Grünflächen, Spielplätze, Picknick-Gelände, Restaurants, Blumengärten, Schutzhütten und zahlreiche Sporteinrichtungen (Tennis, Football, Fußball, Baseball, Schwimmen, Bowling). Darüber hinaus stößt der Parkbesucher auf einige Sehenswürdigkeiten, wie das 1837 errichtete Wohnhaus Colborne Lodge, das 1875 geschaffene Howard Tomb Denkmal und mit „The Animal Paddocks" auf einen kleinen Zoo, in dem u.a. Büffel, Schafe, Lamas und Schottische Hochlandrinder zuhause sind. Im Sommer finden hier zahlreiche Veranstaltungen, wie kleine Theateraufführungen statt, deren Eintritt kostenlos ist. Unter dem Motto „Shakespeare under the Stars" wurde in den letzten Jahren der „Mittsommernachtstraum" aufgeführt. Die Bühne im Freien „The Dream Site" liegt etwas östlich vom Grenadier Restaurant. Den Park erreicht man sehr einfach mit der U-Bahn. Die U-Bahnstation High Park liegt im Norden des High Parks. Wer mit dem Auto anfährt, sollte seinen Wagen auf dem südlichen Parkplatz stehen lassen und in Richtung Norden entlang des schönen Grenadiersees laufen. Weitere Infos zum Ausflugsziel High Park erhält man unter

Tel. 416-3921111 (City of Toronto - Department of Parks and Recreation Programmes and facilities).

Waterfront Parks

Die Küste des Ontariosees ist den meisten Besuchern nur entlang der Harbourfront, südlich angrenzend an den zentralen Geschäftsbereich, bekannt. Hier ist die Küstenlinie recht eben, umgestaltet, aufgrund der Bebauung künstlich und minder interessant. Bei diesem Anblick kann man sich kaum vorstellen, daß im Bereich von Metropolitan Toronto wesentlich attraktivere Küstenabschnitte bestehen, die sogar über beeindruckende Steilküsten verfügen. Zu den faszinierenden Bereichen gehört in erster Linie Bluffers Park (Scarborough). Die interessante Küstenregion erreicht man über die Kingston Road, die parallel zur Küste verläuft. Die kreuzende Brimley Road führt dann südlich zum Ontariosee. Hier sind ausreichend Parkplätze vorhanden, und Spazierwege auf den Landzungen laden zur Besichtigung der herrlichen Steilküste ein. Umgeben von zwei Landzungen liegen in Bluffers Park zwei Yachthäfen. Folgt man dem Weg in westliche Richtung, so hat man eine gute Aussicht auf die Felsformationen Scarborough Bluffs. Nördlich liegen die Felsen Cathedral Bluffs.

Blumengärten von Metropolitan Toronto

Nicht versäumen sollte man einen Besuch in einem der reizvollen Blumengärten. Die Metro Toronto verfügt mit den Blumengärten Edward Gardens, James Gardens und Rosetta McClain Gardens über wunderschöne Anziehungspunkte, nicht nur für Pflanzenliebhaber. Zusammen nehmen die drei Anlagen eine Fläche von rund 4.000 Hektar ein und gehören zu den schönsten Gartenbauanlagen von Metro Toronto. Jeder Park hat einen eigenen Charakter und zeigt eine individuelle Gestaltung. Die Gärten sind zwar das ganze Jahr geöffnet, begeistern jedoch zur Blütezeit, in den frühen Sommermonaten am meisten. Während das Spazierengehen auf den Rasenflächen erlaubt ist, sind Fahrräder, Hunde und andere Haustiere, Alkohol und Picknick in den „Garden Parks" nicht gestattet.

Edwards Gardens

Der Blumengarten Edwards Gardens erhielt den Namen von seinem Vorbesitzer Rupert E.Edwards, der 1955 die Anlage an die Metro Toronto verkaufte. Edwards Gardens liegt westlich von Don Mills und umgibt die Schlucht des kleinen Flusses Wilket Creek, der aufgestaut wurde, damit im Parkgelände kleine Wasserfälle und Teiche entstehen konnten. Im östlichen Teil ist der Besuchereingang mit unzähligen Sommerblumen und Chrysanthemen, die im Herbst blühen. Tropische Pflanzen sind im Gewächshaus zu sehen. Große Walnuß-, Ahorn- und Eichenbäume zeugen von der ersten Besiedlung durch die Familie Milne um 1825. Folgt man dem Spazierweg Richtung Süden, entlang des kleinen Flusses Wilket Creek, so gelangt man in den Wilket Creek Park, und weiter südlich sieht man, wie sich die beiden Flüsse Don River und Wilket Creek treffen. In der Nähe der Parkplätze am Edwards Gardens steht der „Civic Garden Centre" mit einem Blumengeschäft und einer botanischen Bücherei.

James Gardens

1955 erwarb Metro Toronto die Parkanlagen von James Gardens und machten ihn öffentlich. Der Blumengarten liegt in der Stadt Etobicoke, nördlich der Dundas Street, östlich der Royal York Road und erstreckt sich entlang dem westlichen Ufer vom Humber River. Im Zentrum begeistern terrassierte Blumen- und Pflanzenfelder sowie zahlreiche schöne Teichanlagen mit kleinen Brücken. Über einen Fußweg erreicht man auch das Wohnhaus von Frederick T.James. Dieses Steinhaus wurde 1927 erbaut und steht in der Nähe einer Aussichtsplattform (30 Meter über dem Humber River), die einen schönen Blick über die Gärten bietet.

Rosetta McClain Gardens

Der Rosetta McClain Gardens ist der einzige Blumengarten an der Waterfront. Er bietet neben einer artenreichen Pflanzenwelt herrliche Ausblicke auf den Ontariosee. In der Nähe der beeindruckenden Felsen Scarborough Bluffs, an der Küste des Ontariosees, im Süden der Stadt Scarborough liegt dieser idyllische Park auf einer Höhe von 60 Metern über dem Ontariosee. Ihn erreicht man einfach über die Kingston Road. 1958 schenkte Robert McClain den ruhigen, friedlichen und erholsamen Ort seiner Frau Rosetta, deren Eltern, die Familie Wests, das Land schon seit 1905 besaßen. 1977 übernahm die Metro Toronto die Gartenanlage und verwandelte sie in einen öffentlichen Blumengarten. Zu den gravierendsten Veränderungen gehört der Bau eines zentralen, amphitheaterähnlichen Platzes mit einer großen Pergola. Heute noch trägt der Rosetta Maclain Garten die Handschrift der Wests und McClains, und so stößt man unter anderem auf einen kleinen Friedhof ihrer Haustiere, gepflanzte größere Bäume und von Bäumen gesäumte Spazierwege, die ehemals Zufahrten zu ihrem Wohnhaus darstellten.

Royal Botanical Gardens

Wer sich für botanische Gärten interessiert hat ein Angebot von fünf Gärten. Sie bilden zusammen die Royal Botanical Gardens und liegen westlich von Toronto in Burlington, am westlichen Ufer des Ontariosees. RBG zählt zu den sehenswertesten botanischen Anlagen Nordamerikas. Ein Besuch beansprucht mindestens einen ganzen Tag. Besonders bekannt sind die botanischen Gärten wegen ihrer großen Fliederbestände. Rund 50 Kilometer Fußweg führen entlang der reizvollen Anlagen mit einer interessanten, vielseitigen und artenreichen Pflanzenwelt. Das Zentrum, den RBG Centre, erreicht man über die Q.E.W. in westliche Richtung, dann auf den Highway 403 und auf die Plains Road West. Der RBG Centre verfügt über einen sehenswerten mediterranen Garten und Gewächshäuser. Weitere Infos erhält man unter: Royal Botanical Gardens Centre, 680, Plains Road West, Burlington, P.O.Box 399, Hamilton, Ontario, L8N 3H8, Tel. 905-5271158, Fax 905-5770375

Bronte Creek Provincial Park

Rund 50 Kilometer westlich von Downtown Toronto liegt in der Kommune Oakville (91.000 Einwohner) der kleine Provincial Park Bronte Creek. Man erreicht ihn leicht über den Highway

Q.E.W. (Queen Elizabeth Way) und die Ausfahrt „Exit 109". Befährt man das Gelände, um auf einem der fünf großen Parkplätze zu parken, ist eine Art Eintrittsgeld zu entrichten. Von den Parkplätzen führen zahlreiche geebnete Wanderwege durch das Gelände.

In dem Park findet man die alte Spruce Lane Farm mit Pferden, Freizeitanlagen, ein Spielgelände, eine Kinderfarm, eine Schwimmanlage und ein Besucherzentrum. Besonderen Anklang findet bei Kindern die kleine Farm, in der sich nicht nur die Stadtkinder über die Tätigkeiten und das Leben auf dem Bauernhof hautnah informieren können.

Durchflossen wird der Provincial Park von dem Fluß Bronte Creek, zu dem einige Wanderwege führen. Er hat sich im Laufe der Zeit tief eingeschnitten und ein schönes Tal geschaffen. Das Bronte Creek Naturschutzgebiet stellt ein lohnenswertes Ausflugsziel für Familien dar. Dem Individualwanderer bietet der Park in der Hauptsaison nicht die Stille und Einsamkeit, die er von kanadischen Provincial- oder Nationalparks erwartet. Weitaus ruhiger und abenteuerlicher ist der Algonquin Provincial Park, rund zwei Autostunden nördlich von Toronto.

Algonquin Provincial Park

Mit einem Park im allgemeinen Sinne hat Algonquin nichts zu tun. Es ist ein Stück Wildnis, das gerade für die abenteuerentwöhnte Stadtbevölkerung und den europäischen Touristen eine ganz besonders große Anziehungskraft hat. Der traditionsreiche Provincial Park Algonqin steht seit 1893 unter Naturschutz und erfreut sich größerer Beliebtheit als mancher kanadische Nationalpark. Mit einer günstigen Lage in der vergleichsweise bevölkerungsreichen Provinz Ontario können in wenigen Autostunden rund 10 Millionen Menschen das Mekka für Outdoor-Aktivitäten erreichen. Von Toronto benötigt man rund 2$^1/_2$ Autostunden (über den Highway Nummer 11 in nördliche Richtung bis Huntsville und anschließend über den Highway 60 in nordöstliche Richtung) zum größten und bekanntesten Naturpark Ontarios. Der Name leitet sich von den Algonquin Indianern ab, die mit ihren Birkenrindenkanus über die unzähligen Seen und Flüsse fuhren, um den Sirup aus den Ahornbäumen zu gewinnen. Auch für die Europäer war der Baumbestand interessant, und so drangen die Briten in das Algonquin Hochland vor, betätigten sich als „Lumberjacks" und fällten in den Wintermonaten die Weißkiefer (White Pines). Im Frühjahr wurde das wertvolle Holz dann bis nach Quebec am St.Lorenz Strom geflößt. Allmählich kamen Siedler in das Gebiet, betrieben Brandrodung und vernichteten den bedeutenden Baumbestand. Sie waren ein Dorn im Auge der mittlerweile sehr reich gewordenen Holzfäller. Einflußreich wie sie waren, veranlaßten sie, daß 1893 Algonquin zu einem Naturschutzgebiet erklärt wurde. Sie räumten sich jedoch einige Privilegien ein. Auch heute, mehr als 100 Jahre nach dem Inkrafttreten des Schutzes für den Algonquin Park, wird in einem bescheidenen Umfang noch abgeholzt (Logging). Dies ist einzigartig, denn in keinem anderem Provincial Park Ontarios ist das „Logging" zulässig. Die Funktion des Provincial Parks hat sich jedoch deutlich gewandelt. Aus dem ehemaligen Wirtschaftsraum ist ein wichtiger Freizeit- und Erholungsraum

Abseits der Betonblöcke - Grünanlagen, Parks und Provincial Parks

Biber im Algonquin Park

geworden. 7.725 km² umfaßt Algonquin, und somit ist die Fläche wesentlich größer als die kanadische Provinz Prince Edward Island oder dreimal größer als das deutsche Bundesland Saarland. Das Gebiet, das durch unzählige Seen und Flüsse gekennzeichnet ist, bietet sich zum Kanuwandern an. Rund 2.500 Seen wurden kartiert, und die Kanuwanderwege addieren sich zu ungefähr 1.600 Kilometern. Entlang dieser Kanurouten gibt es rund 3.000 Stellen (Campsites), die für das Camping ausgewiesen sind. Abseits der Campsites ist die Übernachtung verboten. Alljährlich zieht es mehr als 60.000 Abenteurer mit ihren Kanus in das Reich von Algonquin. Auch Wanderer kommen auf ihre Kosten und folgen den unterschiedlich langen Trails. Sie sind begeistert von der teilweise noch ursprünglichen Natur mit dem außerordentlichen Tierbestand. Hier trifft man auf Biber oder mindestens auf ihre großen Bauten, Elche, Rentiere, Wasserschildkröten, Bären und rund 260 verschiedene Vogelarten. Der Elch ist oft zu sehen und ihn zieht es im Frühjahr auf die Straße, um die Reste des Streusalzes aufzulecken. Wanderer sollten sich anders als in deutschen Wäldern etwas lauter verhalten. Hier ist lautes Sprechen oder Singen angesagt, um den Bären die Möglichkeit zu geben, sich zurückzuziehen.

Eng verbunden mit dem Provincial Park ist auch der Name Tom Thomson, jener kanadische Maler, der zwischen 1912 und 1917 seine Sommer im Algonquin verbrachte und sich der Landschaftsmalerei widmete.

Indianer aus Golden Lake, südöstlich des Parkes dürfen in dem Park jagen und fischen. Zu ihren Sonderrechten, die ihnen 1991 eingeräumt wurden, gehört das Erlegen von 100 Elchen, 175 Rentieren, das Fischen außerhalb der Saison und das Benutzen gesperrter Wege. Diese Sonderrechte stoßen jedoch auf Widerstand und könnten längerfristig dem Fortbestand der Tierwelt schaden.

Im Süden des Parkes liegt am Highway 60 das kleine Besucherzentrum. Weitere Informationen zum Algonquin Park erhält man von: The Friends of Algonquin Park, P.O.Box 248, Whitney, Ontario, K0J 2M0

VIII. Rundgang für Tagesbesucher

Eine Megacity wie **Toronto** mit ihrem unbegrenzten Angebot und ihren unzähligen Sehenswürdigkeiten kann man selbstverständlich nicht an einem Tag entdecken. Man kann sich aber an einem Tag einen Überblick verschaffen, beeindruckende Sehenswürdigkeiten und die interessante Architektur kennenlernen sowie das Zusammenleben der verschiedenen ethnischen Gruppen erleben. Dies ist natürlich nur ein etwaiger Eindruck, von dem, was Toronto ausmacht. Viele Urlauber schenken Toronto nur ein bis zwei Tage ihre Aufmerksamkeit. Diese kurze Zeit wird der interessanten Stadt nicht gerecht, ist aber verständlich, da viele Urlauber den weiten Weg nach Kanada unternehmen, um die grandiose Natur kennenzulernen.

Im Folgenden wird versucht, dem Stadtbesucher eine Tagesroute quer durch die Downtown von Toronto an die Hand zu geben. Die Ziele und Sehenswürdigkeiten sind nur kurz beschrieben. Näheres zu den Sehenswürdigkeiten sollte dann an anderer Stelle nachgelesen werden (Register !).

Man sollte seine Stadtbesichtigung am Hauptbahnhof (Kartennummer 1) beginnen, da man ihn einfach und bequem mit allen Öffentlichen Verkehrsmitteln erreicht. „**Union Station**" ist ein sauberer und gepflegter Bahnhof und wurde zwischen 1915 und 1920 erbaut. Man verläßt die im Volksmund genannte „Union" durch den Haupteingang. Gegenüber des Bahnhofes an der nördlichen Seite der Front Street steht das **Royal York Hotel** (K.2). Ein riesiges Bauwerk, das 1929 eröffnet wurde und zur Zeit das größte Hotel im Commonwealth darstellt. Dem Besucher stehen rund 1.400 Zimmer zur Verfügung. Man folgt der Front Street in westliche Richtung bis zur John Street, zweigt dann nach links ab und erreicht SkyDome und den benachbarten CN-Tower. **SkyDome** (K.3) ist ein gigantisches Multifunktionsstadion mit einem weit zu öffnendem Dach. Hier spielt das erfolgreiche Baseballteam „Toronto Blue Jays" alljährlich vor insgesamt vier Millionen Zuschauern. SkyDome ist auch eine hervorragende Konzertarena mit rund 67.000 Plätzen. Der **CN-Tower** (K.4) wurde 1976 erbaut und ist mit 553 Metern das höchste Gebäude der Welt. Die Höhe entspricht 181 Stockwerken. Ein Besuch des 447 Meter hohen Aussichtsdecks ist ein unvergessenes Erlebnis. Man hat eine schöne Aussicht auf die Wolkenkratzer im Zentralen Geschäftsbereich, die vorgelagerten Inseln Toronto Island im Ontariosee und erkennt das schachbrettartige Straßensystem der Innenstadt (erleichtert die Orientierung bei der weiteren Route).

Nach dem Besuch des CN-Towers geht es in nördliche Richtung, die John Street entlang. An der Ecke King Street/John Street steht eines der modernsten Verwaltungsgebäude. Es ist die 1992 eröffnete **Metro Hall** (K.5), von der aus Metropolitan Toronto mit sechs Stadtgebieten verwaltet wird. An der King Street wird rechts abgebogen. In unmittelbarer Nachbarschaft der Metro Hall befindet sich ein flaches rundes Gebäude, die **Roy Thomson Hall** (K.6). In dieser 1982 eröffneten Konzerthalle sind das Toronto Symphonie Orchester und der Toronto Mendelssohn Chor zuhause. Gegenüber an der anderen Straßenseite der King Street steht eine weitere Bühne, das 1906 erbaute **Royal Alexandra Theatre** (K.7). An der Ecke Simcoe Street/King Street steht **St.Andrews** (K.8), eine alte Kirche, die vor den verspiegelten Hochbauten ein interessantes Fotomotiv darstellt. Etwas weiter östlich gelangt man auf die große University Avenue, der man in nördliche Richtung folgt. Erreicht man dann die Queen Street, biegt man nach rechts ab und sieht an der nördlichen Straßenseite zunächst das bedeutende Gerichtsgebäude **Osgoode Hall** (1844-46) (K.9), mit den schweren Eisenzäunen, die einst verhinderten, daß die Kühe der sie früher umgebenden Farmen auf das Gelände gelangten. Östlich von der Osgoode Hall steht die **New City Hall** (K.10), das Rathaus mit einer beeindruckenden Architektur aus dem Jahre 1965. Das zweitürmige Verwaltungsgebäude hat der finnische Architekt Viljo Revell entworfen. Vor dem Rathaus, auf dem **Nathan Phillips Square** (K.11) herrscht stets ein buntes Treiben. Hier steht auch „The Archer" eine Skulptur von Henry Moore. In unmittelbarer Nachbarschaft, befindet sich östlich das alte Rathaus, die **Old City Hall** (1889-99) (K.12), ein schöner romanischer Sandsteinbau. Er liegt an der Bay Street, der man in nördliche Richtung (von der King Street nach links abbiegend) folgt.

An der Dundas Street angelangt, wird in westliche Richtung nach links abgebogen. Nun folgt man der befahrenen Dundas Street und passiert die "**Art Gallery Of Ontario**" (K.13), eines der bedeutendsten kanadischen Kunstmuseen mit der größten Henry Moore Sammlung. Vor dem Gebäude stehen die Skulpturen „Two Forms" (1966 und 1969) von Henry Moore. Der nun folgende Abschnitt der Route stellt den spannendsten und interessantesten Teil dar. Man glaubt Kanada zu verlassen und denkt, man durchstreife eine chinesische Stadt. Es ist **Chinatown** (K.14), nach San Fransisco die größte Ansiedlung von Chinesen. Weiter auf der Dundas Street geht es vorbei an chinesischen Gemüsegeschäften, Restaurants, Fotogeschäften usw. Man sieht um sich herum überwiegend Chinesen und kann die in chinesischen Schriftzeichen ausgeschilderten Warenschilder nicht lesen. Man überquert die breite Spadina Avenue, an der sich ebenfalls chinesische Geschäfte reihen. Von der Dundas Street biegt man dann in die Kensington Street ein und folgt ihr in nördliche Richtung. Hier herrscht wie in Chinatown ein reges Treiben. Man bekommt ein eindrucksvolles Bild vom polykulturellen Toronto. Während der **Kensington Market** (K.15) in den 20er Jahren von jüdischen Händlern betrieben wurde und dementsprechend „The Jewish Market" hieß, verkaufen heute Händler aus Europa (überwiegend Portugal), aus Vietnam oder aus der Karibik ihre Waren.

Von der Baldwin Street gelangt man in östliche Richtung auf die breite Spadina Avenue, der man in nördliche Richtung bis zur College Street folgen muß. Man biegt rechts in die College Street ein und geht in östliche Richtung bis zur Kings College Road. Mit dem Betreten der Kings College Road betritt man den Campus der Universität von Toronto (gegründet 1827), die

VIII. Rundgang für Tagesbesucher

Nathan Phillips Square und Old City Hall

im Volksmund auch „Harvard of the North" genannt wird. Blickt man nun geradeaus über die große Rasenfläche, sieht man das **University College** (K.16) aus dem Jahre 1859. Rechts an der runden Wiese vorbei, über den folgenden Hart House Circle in östliche Richtung geht es in die nächste Grünanlage. Es ist der Queen's Park mit dem **Ontario Parliament Building** (K.17). Dieser romanische Sandsteinbau wurde 1886 erbaut und verfügt im Inneren über schöne Schnitzarbeiten. Der Queen's Park ist mit seinen gepflegten Rasenflächen und den alten Bäumen ein beliebter Ort zum „Verschnaufen". Hier verbringen die Büroarbeiter ihre Mittagspause und geben gelegentlich den herumlaufenden Eichhörnchen etwas von ihrem Pausenbrot ab. Von Queen's Park gelangt man in südliche Richtung auf die University Avenue. An der Ecke College Street/University Avenue steht das sichelförmige, verspiegelte Gebäude von **Hydro Ontario** (K.18), dem Energiekonzern. Das Gebäude wird lediglich durch Sonneneinstrahlung geheizt. Folgt man der University Avenue nach Süden passiert man bedeutende Krankenhäuser. Im Vorgarten des Krankenhauses für kranke Kinder (Hospital for Sick Children) steht eine Bronzetafel (K.19), die an Mary Pickford erinnert. An dieser Stelle stand das Geburtshaus von Gladys Marie Smith, die unter dem Namen Mary Pickford als Schauspielerin in Hollywood Karriere machte. Man folgt der Straße und geht in die Edward Street hinein in Richtung Osten. Am Ende der Straße stößt man auf den „**World's Biggest Bookstore**" (K.20). Nur wenige Meter weiter kommt man auf die Yonge Street, die bedeutendste Geschäftsstraße Torontos. Diese Straße beginnt an der Harbourfront und endet nach 1.886 Kilometern in dem US-Bundesstaat North Dakota. Auf dieser Haupteinkaufsstraße führt die Route in südliche Richtung weiter. Nach kurzer Zeit sieht man auf der linken Seite die Shuter Street. Auf dieser Straße geht man nur wenige Meter, bis man dann die **Massey Hall** (K.21), eine Konzerthalle mit besonderer Atmosphäre, die bereits 1894 erbaut wurde, erreicht. Die Route führt nun wieder zurück auf die Yonge Street und weiter Richtung Süden. An der folgenden Queen Street muß man rechts einbiegen und gelangt nach rund 50 Metern an den Südeingang des **Eaton Centres** (K.22). Über dem Eingang verbindet ein Skywalk das Einkaufshaus „The Bay" mit dem Eaton Centre. Diese Skywalks sind als Schutz in extremen Wintern gedacht. Betritt man den **Eaton Centre** sollte man mit der Rolltreppe eine Etage höher fahren. Von hier aus hat man einen herrlichen Ausblick auf die gigantische Shopping Mall mit ihren 320 Geschäften auf fünf Ebenen. Der Eaton Centre ist in Nordamerika die zweitgrößte Shopping Mall. Wenn man den Eaton Centre am Südeingang wieder verlässt hält man sich rechts. Nach kurzer Zeit sieht man die bekannte Old City Hall (K.12). Man folgt nun der gegenüberliegenden Bay Street nach Süden und gelangt in den Financial District, jenem Teil der Downtown, in dem sich die Bürohochbauten der Banken in den Himmel strecken. Diese Wolkenkratzer, die **Bank Towers** genannt werden, stehlen sich gegenseitig das Sonnenlicht. Der höchste Bank Tower ist der „First Canadian Place" (K.23) der Bank of Montreal, an der nördlichen Seite der King Street. Weitere Bank Towers sind „**Scotia Plaza**" (K.24), die drei schwarzen Wolkenkratzer des „**Toronto Dominion Centre**" (K.25), „**Commerce Court**" (K.26) mit 7.400 Fenstern, „**Royal Bank Plaza**" (K.27) und die beiden „**Canada Trust Tower**" (K.28). Wer nun Hunger hat, sollte bei den zahlreichen Würstchenbuden Halt machen und die hervorragend schmeckenden Würstchen probieren. Dazu kann man köstliche Saucen wählen. Bei diesen „Kleinunternehmern" kaufen Stadtbesucher, Bewohner und die zahlreichen Arbeitnehmer sowie Top-Manager ihre kleine Mahlzeit. Auf der Bay Street geht es nun weiter südlich bis zur Front Street. Schaut man dann nach rechts, sieht man den Ausgangspunkt, den Hauptbahnhof (K.1).

VIII. Rundgang für Tagesbesucher

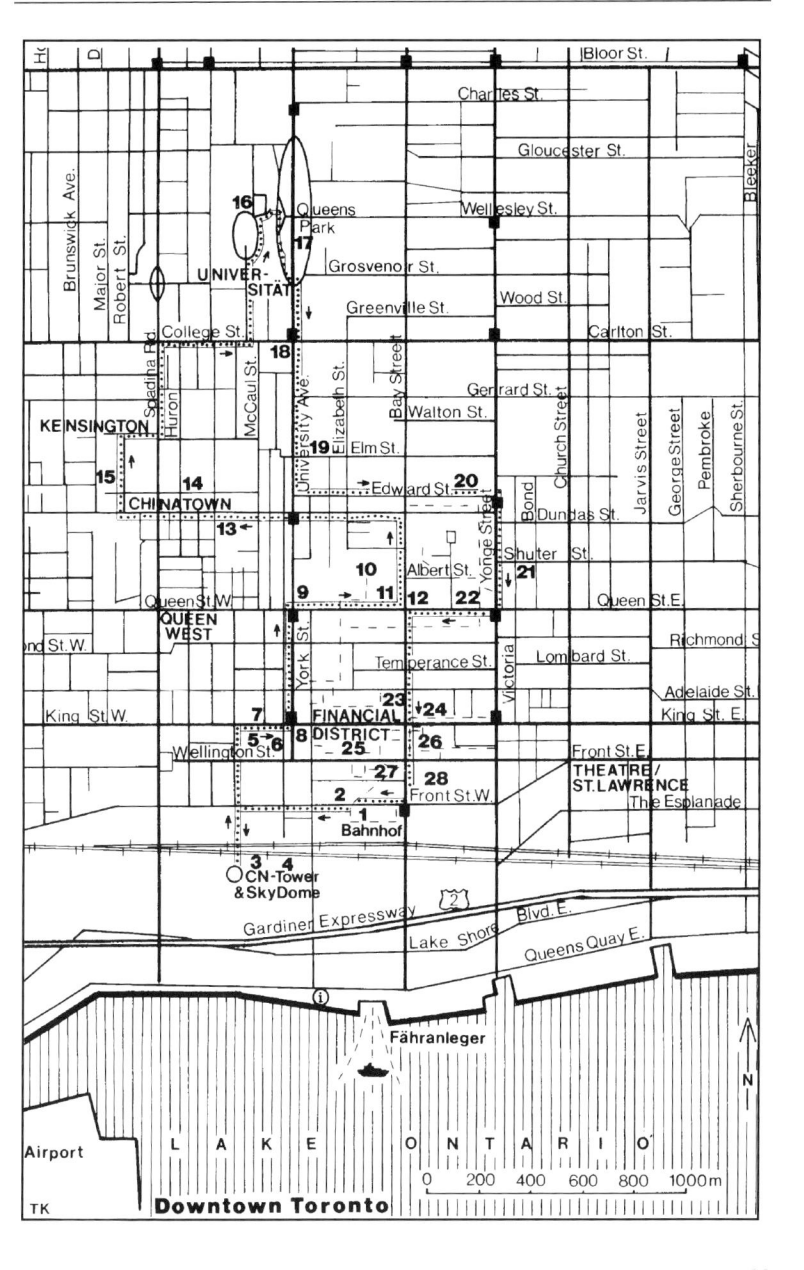

IX. Lohnende Ausflugsziele rund um Toronto

Ontario Science Centre

Das Ontario Science Centre gehört sicherlich zu den interessantesten Museen für Technik und Wissenschaften weltweit. Es befindet sich in Scarborough, an der Don Mills Road, im Süden der 1952 als „New Town" konzeptionierten Stadt Don Mills. Das ansprechende Museumsgebäude beinhaltet phantastische Sammlungen auf fünf Ebenen und wurde von dem Architekten Raymond Moriyama entworfen. Der Bau im Jahre 1967 verschlang rund 30 Millionen Dollar. Die modernen Gebäude stehen an einem Hang und sind durch Rolltreppen und Aufzüge verbunden. Rund um das Thema Wissenschaft und Technik findet man aktive Ausstellungen. An zahlreichen Geräten und Demonstrationsobjekten kann der Besucher arbeiten, um z.B. physikalische Gesetzmäßigkeiten herauszufinden. Zu den beliebtesten Demonstrationen gehört die Darstellung elektrostatischer Aufladungen. Hierbei werden langhaarige Kinder freiwillig und völlig ungefährlich aufgeladen, bis ihnen die Haare abstehen. In der Abteilung Sport beeindruckt u.a. die Simulation einer Bobfahrt, lebensgroße Modelle zeigen, welche Muskeln beim Radfahren beansprucht werden, und an einer Baseballstation wird die Geschwindigkeit des Balles ermittelt. Im Bereich Transportwesen/Kraftfahrzeuge sind die Funktionsweisen der verschiedenen Motoren eindrucksvoll dargestellt. In weiteren Abteilungen werden Modelle und Ausstellungen zum Thema Chemie, Biologie, Wetter, Weltraum, Wasserhaushalt, Molekularforschung, Energie, Kommunikation, der menschliche Körper und Ernährung gezeigt. Das Wissenschaftsmuseum zum Anfassen stellt gerade für Familien ein interessantes und lehrreiches Ausflugsziel dar. Es verfügt neben einem Café, einem Fast-Food-Restaurant, einem Souvenirshop über ausreichend Parkplätze, die jedoch kostenpflichtig sind. An einem Nachmittag in der Woche ist der Ein-tritt frei. Nähere Informationen erhält man unter: Ontario Science Centre, 770 Don Mills Road, Don Mills, Ontario M3C 1T3, Tel. 416-696-3159.

Cullens Garden

Cullens Garden mit dem Miniature Village ist eine der vielbesuchten Sehenswürdigkeit in und um Toronto. Die Anlagen liegen westlich von Metropolitan Toronto, nördlich der Stadt Whitby an der Taunton Road. Cullens Garden bietet in der Hauptsaison täglich zahlreiche Showprogramme wie Puppenspiele oder Theaterstücke. Besonders beeindruckend sind die Blumengärten mit tausenden blühenden Pflanzen. Im Mai faszinieren die rund 80.000 Tulpen, und im Juni und Juli sind es die circa 10.000 Rosen. Darüber hinaus stehen von Juli bis September weitere unzählige Blumen in allen Farben in der Blüte. Von September bis Oktober findet das „Chrysanthemum Festival" statt. Hierbei wurden witzige Skulpturen mit den Blüten verziert. Besonders interessant ist für Familien mit Kindern das „Miniature Village" mit 160 nachgebildeten historischen Gebäuden. Abgerundet wird eine Touristen-Attraktion wie Cullens Garden natürlich durch einen umfangreichen Souvenirshop und ein Restaurant. Direkt neben dem Haupteingang steht eine Sehenswürdigkeit, die der Besucher eintrittsfrei besichtigen kann. Es ist das Lynde-Haus, das zwischen 1812 und 1814 erbaut wurde. 1986 wurde das schmucke Holzhaus demontiert und hier wieder errichtet. Dieses elegante Wohnhaus gehörte einem der ersten Siedler in der Umgebung. Nähere Infos unter: Cullens Garden, 300 Taunton Road, Whitby, Ontario, L1N 5R5, Tel. 905-6681600. Cullens Garden verfügt über zahlreiche kostenfreie Parkplätze.

Paramount Canada's Wonderland

Über den Highway 400 kann der in Vaughan gelegene Freizeit- und Abenteuerpark Paramount Canada's Wonderland schnell erreicht werden. Dieser Besuchermagnet kommt natürlich bei Familien besonders gut an. Er öffnet seine Pforten lediglich in den Monaten Mai bis September (teilweise nur an den Wochenenden). Paramount Canada's Wonderland bietet dem Besucher rund 140 Attraktionen wie Achterbahn, Wildwasserbahn, Mini-Golf, Autorennsimulatoren, Karussells und ein umfangreiches Showprogramm. Den Bezug zur Filmgesellschaft Paramount stellen umherlaufende Besatzungsmitglieder von Star Trek her. Das Wellenbad gehört zu den größten des Landes und verspricht insbesondere an heissen Sommertagen viel Spass und Abkühlung. Mit dem Kauf einer Eintrittskarte hat man freien Eintritt zu mehr als 50 verschiedenen Fahrten. Infos unter Tel. 905-8327000

Black Creek Pioneer Village

Die alte und besuchenswerte Pioniersiedlung Black Creek befindet sich in der City of North York, an der Grenze von Metropolitan Toronto, entlang des Flusses Black Creek. Man betritt eine idyllische, viktorianische Siedlung aus den 1860er Jahren. 35 alte Gebäude, zahlreiche Leute mit zeitlich angepaßter Kleidung und viele liebevolle Details vermitteln einen realistischen Eindruck. Unter anderen informieren eine Druckerei, ein Geschäft, eine Weberei und eine Wassermühle über die Aktivitäten der früheren Dorfbewohner. Fragen werden gerne von den tätigen „Dorfbewohnern" beantwortet. Sie sind gekleidet und arbeiten mit den Methoden und Hilfsmitteln wie vor mehr als 100 Jahren. Adresse: Black Creek Pioneer Village, 1000 Murray Ross Parkway, North York, Ontario M3J 2P3, Tel. 416-7391733

Toronto Zoo

Der Zoo von Toronto verdient sicherlich das Prädikat „weltklasse" und gehört zu Highligts der Stadt. Er liegt in der östlichen Stadt Scarborough (Teil von Metropolitan Toronto) und ist über den Highway 401 (Macdonald-Cartier Freeway), über die Ausfahrt Meadowvale leicht zu erreichen.

Toronto Zoo ist mit rund 5.000 verschiedenen Arten und insgesamt rund 130.000 Tieren der größte kanadische

Zoo, der jährlich mehr als 1,2 Millionen Besucher anzieht. Seit seiner Eröffnung im Jahre 1974 haben über 25 Millionen Besucher den Zoo besichtigt. In dem modernen Zoo findet man ein zoogeographisches Konzept vor, d.h. die Tiergruppen und Pflanzen sind in die Regionen Afrika, Australasia, Eurasia, Amerika, Indo-Malya und Kanada eingeteilt. Tiere dieser Regionen sind im Zoo benachbart in Freigehegen und Pavillons untergebracht. Bei der Unterbringung der Tiere hat man versucht, die Umgebung so natürlich wie möglich und so künstlich wie nötig zu gestalten. Auf dem 287 ha großen Zoogelände verteilen sich die Gehege und Pavillons sehr großräumig, und es bestehen Verbindungswege von insgesamt 24 Kilometer Länge. Kleine Züge und Busse helfen die großen Entfernungen zu überwinden.

Zu den Sensationen gehören in erster Linie die Polarbären. Darüber hinaus sind im Zoo u.a. Gorillas, Löwen, Giraffen, Nilpferde, Krokodile, Elefanten, Nashörner sowie kanadische Bewohner wie Biber, Elche, Grizzly Bären, Otter und Wölfe zu sehen. Der Besuch des Zoos ist sehr empfehlenswert und beansprucht mitunter einen ganzen Tag. Wer in den Wintermonaten in den Zoo gehen möchte, kann zwar alle Tiere in den Pavillons sehen, stößt jedoch auf einen eingeschränkten Service. Der Zoo verfügt über ausreichend Parkmöglichkeiten (kostenpflichtig), Restaurants, Cafés und Andenkenladen. Nähere Auskünfte unter: Metro Toronto Zoo, 361A Old Finch Avenue,M1B 5K7, Tel. 392-5936. Der Zoo ist ganzjährig geöffnet.

African Lion Safari

Wer ein weiteres tierisches Vergnügen sucht, sollte den Afrikanischen Löwen Safari Parks besuchen. Hier fährt man mit seinem eigenem Auto durch ein großes Gelände, in dem Löwen, Elefanten und andere Tiere leben. Auf dem Gelände ist man mit rund 1.000 Tieren face-to-face. Zahlreiche Aufführungen finden in dem Tier-Amphitheater statt. Im Eintritt ist eine kleine Boots- und Eisenbahnfahrt enthalten. Der 1969 eröffnete Safari Park ist von April bis Oktober geöffnet und befindet sich in der Nähe von Cambridge, rund 90 Kilometer südwestlich von Toronto. Nähere Informationen unter Tel. 519-6232620.

Pickering Nuclear Power Station - Atomkraftwerk Pickering

Die Kanadier gehören zu den größten **Energieverbrauchern** weltweit (pro Kopf) und leider ist die Verschwendung von Energie immer noch die Regel. Für die Energieversorgung der Bevölkerung des Großraumes Toronto mit mehr als vier Millionen Einwohnern ist größtenteils das Atomkraftwerk Pickering verantwortlich. Der von der Energiegesellschaft Ontario Hydro betriebene Reaktor steht an der Waterfront in Pickering, östlich von Toronto. Er wurde 1971 in Betrieb genommen und verfügt über 8 Reaktoren, die jeweils 540 Megawatt leisten. Insgesamt leistet das Kraftwerk über 4.300 MW (1 MW = 1 Mio. Watt oder die Leistung von 10.000 Glühbirnen zu je 100 Watt). Hydros CANDU (Canada Deuterium Uranium) Reaktor gehört zu den sichersten der Welt. Wer sich für diesen Reaktor interessiert, sollte das

Besucherzentrum aufsuchen. Der „Energy Information Centre", der jährlich von rund 20.000 Interessierten aufgesucht wird, ist ganzjährig geöffnet: Pickering Energy Information Centre, Ontario Hydro, P.O.Box 160, Pickering, Ontario L1V 2R5.

Niagara Fälle

Wer kennt sie nicht und wer hat nicht schon einmal den Wunsch gehegt, die Niagara Fälle zu besuchen. Besucht man Toronto, so ist dieses Besucherziel von Weltrang zum Greifen nahe. Sie ziehen Touristen aus aller Welt an und sind etwa 120 Kilometer von Toronto entfernt, was für kanadische Verhältnisse einen „Katzensprung" bedeutet. Jedoch muß man rund 2 Autostunden investieren.

In der Kette der Großen Seen ist der Ontariosee das letzte Glied. Verbunden ist er mit dem Eriesee durch den 56 Kilometer langen Niagara River. Die Wassermassen aus dem Eriesee fließen in den Ontariosee, müssen jedoch über eine Stufe, die aufgrund unterschiedlich hartem Grundgestein entstand. An dieser Stufe befindet sich eine kleine Insel, so daß sich der breite Niagara River gabelt und zwei gigantische Wasserfälle entstehen läßt. Zwischen den beiden Wasserfällen verläuft die kanadisch-amerikanische Grenze. Die nördlichen amerikanischen Fälle heißen dementsprechend „American Falls" und die südlichen kanadischen Fälle erhielten wegen ihrer Hufeisenform den Namen „Horseshoe Falls". Die amerikanischen Fälle haben eine Breite von rund 320 Metern und die Höhe beträgt circa 56 Meter. Bei den Horseshoe Falls prasseln die Wassermassen aus einer Höhe von rund 54 Meter herunter und die Breite beträgt ungefähr 675 Meter. Durchschnittlich fließt eine Wassermenge von rund 5800 Kubikmetern pro Sekunde über die beiden Fälle. Dies führt zu einer starken Erosion, die jedoch durch den Bau von zwei Wasserkraftwerken im Jahre 1954 stark zurückgegangen ist. Während sich die Fälle vor 1954 rund einen Meter pro Jahr zurückzogen, verzeichnet man heute lediglich eine Fußlänge (1 foot = 30,48 cm) in zehn Jahren. Die Fälle kann man von verschiedenen Punkten beobachteten. Die kostengünstigste Möglichkeit ist von der Promenade gegeben. Auf kanadischer Seite stehen mit dem Skylon Tower, dem Minolta Tower und dem Carrilon Tower drei Aussichtstürme. Nahe der American Falls befindet sich auf der amerikanischen Seite ein weiterer „Observation Tower". Wer sich die Touristenattraktion aus schwindelnder Höhe anschauen möchte, kann einen Flug im Helikopter unternehmen. Mit blauer Regenkleidung wasserdicht verpackt kann man mit dem Boot „Maid of the Mist" nahe an die herunterprasselnden Wassermassen heranfahren. Ebenfalls Regenkleidung erhalten die Besucher des Aussichtsfelsens „Table Rock Scenic Tunnels" nahe der Horseshoe Falls. Darüber hinaus wird für Unerschrockene eine abenteuerliche Wanderung auf Holzstegen unterhalb der American Falls angeboten.

Zwei benachbarte riesige Wasserfälle in zwei Staaten, das ist eine Attraktion, die unzählige Besucher anzieht und pfiffige Geschäftsleute animierte, weitere Sehenswürdigkeiten zu schaffen, und so findet der Besucher in der Nähe der Fälle weitere Anziehungpunkte:

IX. Lohnende Ausflugsziele rund um Toronto

Wenige Kilometer südlich der Fälle liegt „MarineLand", ein Abenteuer- und Freizeitpark. Neben Karussells und Achterbahn beeindrucken vor allem die Darbietungen der Killer Wale und Delphine. MarineLand hat nur in der Hauptsaison geöffnet und liegt an der der Portage Road.

In dem Ort Niagara Falls stößt man u.a. auf das Movieland Wax Museum mit lebensgroßen Wachsfiguren aus dem Showbusiness; im Guiness World of Record Museum kann man sich über die Rekorde der Welt informieren; in der „Tivoli Miniature World" sind zahlreiche bedeutende Bauwerke verkleinert nachgebildet; eine Art Geister- oder Horrorhaus stellt „The Wanted House" dar, und in dem „Adventure Dome" werden auf einer großen Leinwand spannende Filme, wie z.B. Flüge über die Niagara Fälle gezeigt.

Niagara Falls ist bekannt als Urlaubsort für Frischvermählte, die in den Luxushotels ihren „Honeymoon" verbringen. Zahlreich sind daher die „Liebeshotels" im Ort. Nach der Einführung und gerade hier oft eingenommenen Ptenzmittel Viagra wird der Ort scherzhaft auch als „Viagra Falls" bezeichnet.

In dem historischen Fort Erie, 34 Kilometer südlich der Fälle, wird der Besucher in das Jahr der großen Schlacht von 1812 zurückversetzt.

Wer es ein wenig besinnlicher und ruhiger bevorzugt, der sollte den Botanischen Garten (Niagara Parks Botanical Graden), 6 Kilometer nördlich der Fälle besuchen. Hier befindet sich auch seit 1936 die Schule für Gartenbau.

Weinliebhaber sollten einen der mittlerweile 14 Winzer aufsuchen und eine Weinprobe mitmachen. Unter den Winzern befindet sich auch „Bright's Wines Co.", der älteste und größte Winzer Kanadas. Die Region rund um Niagara, mit einem milden Klima zwischen dem Eriesee und dem Ontariosee, ist bekannt für qualitativ hochwertige Weine.

Weitere Informationen rund um die Niagara Fälle erhält man von:

- The Niagara Parks Comission,
  P.O. Box 150, 7400 Portage Road,
  Niagara Falls, Ontario,
  Tel. 905-3562241

Von Toronto werden Fahrten zu den Niagara Fällen unternommen. Durchführende Unternehmen sind u.a.

- Niagara Tours, Tel. 416-869-1372
- Niagara Falls VIP & Toronto City Tours, Tel. 416-740-3339
- Travel Express Inc.,
  Tel. 416-961-9220.,
  Tel. 416-7982424
- „Sightseeing 4 U",
  Tel. 416-7982424
- Gray Line Sightseeing,
  Tel. 416-594-3310.

Wer die beeindruckenden Wasserfälle aus der Luft sehen möchte, hat die Möglichkeit bei einem Helikopter-Rundflug teilzunehmen: Niagara Helicopters Limited, 3731 Victoria Avenue, Niagara Falls, Tel. 905-357-5672.

X. Getting Around - unterwegs in Toronto

Bus, Straßenbahn, U-Bahn, Taxi, Eisenbahn oder mit dem Schiff ? Wer in der Megacity unterwegs ist kann auf viele verschiedene **Verkehrsmittel** zurückgreifen, denn **Toronto** verfügt über ein gut ausgebautes Verkehrsnetz. Als Transportsysteme stehen zwar viele unterschiedliche Verkehrsträger zur Verfügung, bedeutendster ist jedoch das immer noch Auto, das besonders stark schon in den Zwanziger Jahren verbreitet war und als Massenverkehrsträger den Ausbau der Stadt vorantrieb.

In den vergangenen 15 Jahren wurde nur wenig in die Infrastruktur, insbesondere in den Straßenbau, investiert, was bei der drastisch steigenden Bevölkerung in der GTA zu Staus, länger andauerndem Pendelverkehr, erhöhtem Energieverbrauch, steigender Umweltverschmutzung und letztlich auch zu mehr Streß führt und weiterhin führen wird. Ein Zahlenbeispiel verdeutlicht, wie hoch der Bedarf an einem verbesserten Verkehrsnetz ist, und läßt vermuten, welche gravierenden Auswirkungen das „Ausufern" des Stadtgebietes auf die Infrastruktur haben wird: mehr als 300.000 Pendler strömen täglich aus den umliegenden Regionen in die Metropolitan Toronto. Für das Jahr 2011 wird die Zahl der Pendler auf eine halbe Million geschätzt, was letzlich nahezu eine Verdoppelung bedeutet.

Jährlich nimmt das Verkehrsvolumen um rund 6 Prozent zu, und gegenwärtig wählen 65% der Bürger der GTA das Auto, 25% die öffentlichen Verkehrsmittel, um zur Arbeit oder zur Schule zu gelangen. Lediglich jeder Zehnte (10%) geht zu Fuß oder nimmt das Fahrrad. Leider ist das Fahrrad nur sehr wenig benutzt, lediglich Kuriere sieht man, die sich durch die oft verstopfte Innenstadt durchkämpfen um Post zu transportieren. In der „dichten" City of Toronto benutzt fast jeder zweite Pendler (47%) öffentliche Verkehrsmittel, die gerade in den Rush-hours bis an die Grenzen ausgenutzt werden.

Öffentliche Verkehrsmittel

Öffentliche Verkehrsmittel sind in Toronto, wie in anderen Metropolen auch wichtige Verkehrsträger im Vergleich zum Pkw umweltfreundlicher und effiezienter. Der sogenannte „Public Transport" hat in Toronto schon sehr lange einen hohen Stellenwert. Für Verkehrsteilnehmer, die über kein Auto verfügen oder aus Umweltschutzgründen auf das Auto verzichten wollen, steht ein umfangreiches Netz an Öffentlichen Verkehrsmitteln zur Verfügung. Es gehört zu den am stärksten frequentierten, sichersten und saubersten in der Welt. Nur sehr selten stößt man auf beschmierte Wände und Müll in den U-Bahnstationen.

Die Verkehrsgesellschaft Toronto Transit Commission (TTC) verfügt über fast 3.000 Busse, Straßenbahnen und U-Bahnen, die über ein Wegenetz von insgesamt 1.376 Kilometern Fahrgäste befördern. Insgesamt wurden 1990 rund 459.000 Personen pro Tag mit

Straßen- und Kraftfahrzeugverkehr

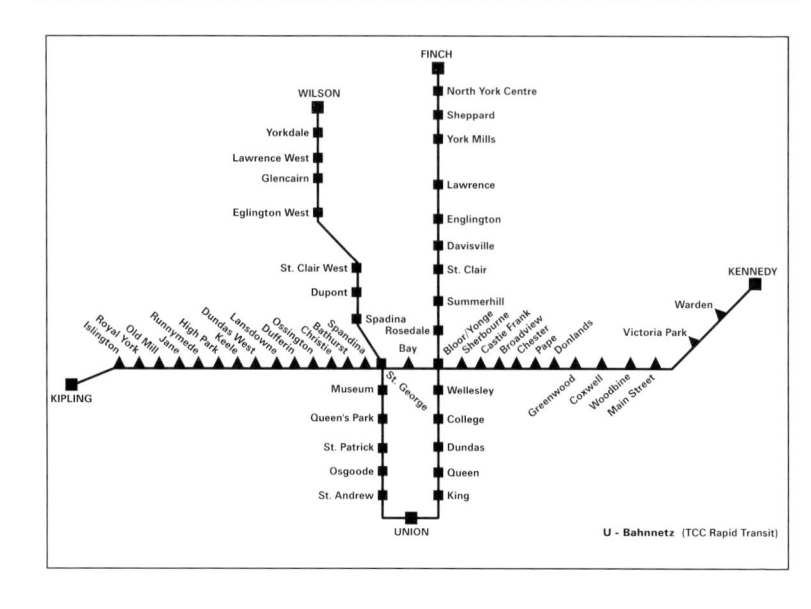

```
                              FINCH
            WILSON            North York Centre
                              Sheppard
            Yorkdale          York Mills
        Lawrence West
          Glencairn           Lawrence
       Eglington West         Englington
                              Davisville
         St. Clair West       St. Clair                              KENNEDY
                              Summerhill              Warden
                    Spadina   Bloor/Yonge
                    Rosedale  Sherbourne    Broadview
                    Bay       Castle Frank  Chester  Pape  Donlands  Victoria Park
                    Museum    Wellesley              Greenwood Coxwell Woodbine Main Street
KIPLING             Queen's Park  College
                    St. Patrick   Dundas
                    Osgoode       Queen
                    St. Andrew    King
                              UNION        U - Bahnnetz (TCC Rapid Transit)
```
(Stationen links der Spadina: Islington, Royal York, Old Mill, Jane, Runnymede, High Park, Keele, Dundas West, Lansdowne, Dufferin, Ossington, Christie, Bathurst; Dupont oberhalb Spadina; St. George zwischen Museum und Bay)

Öffentlichen Verkehrsmitteln transportiert. Hierbei ist der Bus der wichtigste Verkehrsträger mit rund 202.000 Fahrgästen. Die U-Bahn stellt das zweitwichtigste Transportmittel dar, gefolgt von den Straßenbahnen. Die Straßenbahn fährt in Toronto schon länger als 100 Jahre. Die U-Bahn gehört zu den beliebten Verkehrsträgern und ist im internationalen Vergleich nicht so gefährlich. Jedoch fahren die U-Bahnen oft am Rande ihrer Kapazität. Das U-Bahnnetz entstand in den 50er und 60er Jahren. Die erste U-Bahn fuhr 1954, und zu einem der letzten fertiggestellten Teilstücke gehört die Spadina Line, die 1971 eröffnet wurde. Sie verfügt über die dekorativsten Stationen.

Das GO Transit System ist ein interregionales Bus- und Zugnetz, das die außerhalb der City von Toronto liegenden Städte mit der „Downtown" verbindet. Das GO Transit System kann von ungefähr 4 Millionen Menschen in einem Einzugsbereich von rund 8.000 Quadratkilometern genutzt werden.

Straßen- und Kraftfahrzeugverkehr

Schaut man sich zunächst das Straßennetz auf der Karte an, so kann man unschwer feststellen, wie engmaschig es ist. Toronto verfügt über wichtige Schnellstraßen, die sogenannten Expressways. Erwähnenswert sind hierbei Don Valley Parkway und Highway 427, die beide von Nord nach Süd führen. Wichtige Straße in Richtung Ost-West ist der Gardiner Expressway und der MacDonald Cartier Freeway (Highway 401). Sie erstreckt sich nördlich der City of Toronto und führt zu anderen wichtigen Städten in Ontario. Auf den genannten Straßen kommt es zu den Stoßzeiten zwischen 7-10 und 15-19 Uhr zu Staus. Teilweise sind dann auf den Highways die vorhandenen 12 bis 14 Fahrbahnen verstopft.

Die Bewohner der Metro Toronto besitzen rund 1,3 Millionen Autos, und bereits in den 20er Jahren hat sich der PKW zum stärksten Verkehrsträger entwickelt. Im Großraum Toronto (GTA) liegt die Anzahl der PKWs bei 2,7 Millionen. Täglich befahren rund 1,5 Millionen Autos die Straßen von Metro Toronto. 1983 waren es rund eine halbe Million PKWs weniger.

Dem steigenden Straßenverkehr versucht man mit zusätzlichen Schnellstraßen entgegenzuwirken. Zur Zeit wird mit dem Highway 407 eine weitere wichtige Straße gebaut. Da am Morgen und am Abend während der Stoßzeiten ein starker Verkehr in der Innenstadt herrscht, ist das Parken zu dieser Zeit verboten.

Der Flugverkehr

Für den Urlauber spielt zunächst der Flugverkehr eine wichtige Rolle und aufgrund der gigantischen Entfernungen zu Europa und den bedeutenden nordamerikanischen Städten hat der internationale Flugverkehr eine hohe Bedeutung. Toronto als Finanz- und Wirtschaftsmetropole ist Ziel zahlreicher Unternehmer aus Europa und den USA. Darüber hinaus ist die Stadt für den größten Teil der europäischen Kanada-Urlauber die „Endstation" ihrer Anreise und vielfach die Anmietstation für ihr Wohnmobil.

CMA Toronto verfügt über drei Flughäfen. Lester B. Pearson Airport ist der größte Flughafen Torontos und liegt im Westen von Metro Toronto, in dem Stadtteil Etobicoke. Der zweitgrößte Flughafen Torontos ist Buttonville Airport (Luftwaffe) im Norden, in dem Stadtteil North York, und der kleinste Flughafen ist Toronto Island Airport auf der vorgelagerten Insel.

Lester B. Pearson International Airport ist der bedeutendste Flughafen in Kanada und rangiert noch vor dem Flughafen Vancouvers. Über L.B. Pearson International können 300 Flughäfen in 60 Ländern direkt angeflogen werden. Rund um diesen Flughafen scharen sich zahlreiche Hotels. Eindrucksvollstes Gebäude ist das Swiss-Hotel.

Ein weiterer Flughafen der Stadt ist Buttonville Airport. Er ist Kanadas viertbeschäftigter Flughafen und ein bedeutender Flughafen der kanadischen Luftwaffe. Der kleine Flughafen Toronto Island Airport an der Waterfront, nahe dem Stadtzentrums, hat keine internationale Bedeutung. Hier starten und landen überwiegend kleine Privatmaschinen.

Verkehr auf den Wasserwegen

Auch wenn Toronto eine ausgesprochene Binnenlage hat und weit entfernt vom Atlantik ist, so spielt der Verkehr auf den Wasserwegen dennoch eine wichtige Rolle, da viele Güter über den Ontariosee verschifft werden. In diesem Zusammenhang sind auch der bereits zu Anfang des vorigen Jahrhunderts eröffnete Erie-Kanal und der Welland-Kanal, die den Ontariosee mit dem Atlantik verbinden, von Bedeutung.

Verkehr auf den Wasserwegen

Der wichtige Hafen Port of Toronto liegt südöstlich von Downtown Toronto an der Harbourfront. Er ist ein Teil des St.Lorenz Seeweges, der es den Schiffen ermöglicht, von der Mündung des St.Lorenz bis zum Oberen See zu gelangen (3.747 km).

Wichtiger Umschlagplatz ist der Hafen von Toronto (Port of Toronto), der von der Toronto Harbour Commission verwaltet wird.

Der Ontariosee ist auch ein Gewässer für die Freizeit, und so werden auch für den Touristen zahlreiche Fahrten auf dem Ontariosee angeboten. Hierbei haben die luxuriösen Ausflugsschiffe, wie die „Pride of Toronto", eine Kapazität von 600 Passagieren. Nicht nur Urlauber gehen an Bord dieser „Mini-Kreuzfahrtschiffe", sondern auch Hochzeitsgesellschaften, Betriebe, Konferenzteilnehmer und andere. Zahlreiche Häfen sowie Yacht Charter-Betriebe verdeutlichen, daß der Wassersport eine wichtige Rolle für die Stadtbewohner spielt. Gerade in den Sommermonate zieht es viele Torontonians auf ihr schwimmendes Ferienhaus.

XI. Übernachtungsmöglichkeiten

Die touristische Infrastruktur in Toronto ist sehr gut und so ist auch das Angebot der **Unterkünfte** umfangreich und vielseitig. Es reicht von Apartment Hotels, Bed and Breakfast, Hotels, Gästehäusern bis zu Campingplätzen. Viele Urlauber haben ihre Unterkunft in ihrem angemieteten Wohnmobil. Da jedoch in der Regel nach der Abgabe des Wohnmobils eine Nacht im Hotel verbracht werden muß, sollte sich der Wohnmobilurlauber im Vorfeld seiner Reise um eine Unterkunft am letzten Tag kümmern (wird gegebenenfalls auch über die Anmietstation gebucht).

Generell empfiehlt es sich, sehr frühzeitig seine Unterkunft zu buchen. In der Hauptsaison sind die zentralen Hotels schnell ausgebucht. Die Preise der Unterkünfte sind stark abhängig von der Lage, der Ausstattung und dem Service. Bezahlt wird überwiegend pro Zimmer und nicht pro Person, und so können zwei Personen ein Einzelzimmer buchen, das in der Regel mit einem großen Französischen Bett ausgestattet ist. In den Wintermonaten und in der Vorsaison (Mitte Oktober bis Ende April) bieten die Hotels ihre Zimmer sehr günstig an. In vielen Hotels muß auch an den Tagen Montag bis Mittwoch ein höherer Preis bezahlt werden als am Wochenende.

Unter den Hotels sticht besonders das 1929 erbaute Royal York Hotel (gegenüber vom Bahnhof) heraus. Es ist das größte Hotel im Commonwealth und verfügt u.a. über 10 Restaurants und Bars. Insgesamt bietet Royal dem Urlauber 1.408 Zimmer. Hier geht die High Society ein und aus. Dennoch sind die Preise erschwinglich.

Über Unterkünfte informiert das Amt für Touristik mit der Adresse: Metropolitan Toronto Convention & Visitors Association (MTCVA), Queen's Quay Terminal at Harbourfront Centre, 207 Queens Quay West, Ste. 590, Toronto, Ontario, M5J 1A7, Tel. 1-800-363-1990 (gebührenfrei innerhalb Nordamerika).

Darüber hinaus bietet der Vermittler (Accommodation Services) kostenlos seine Dienste an und vermitteln Hotelzimmer:

- Destination Toronto,
  283 MacPherson Avenue, Toronto,
  Tel. 1-800-514-9614.

Am Flughafen kann man sich ebenfalls über freie Zimmer informieren und direkt buchen. Wer sich mit dem Hotel in Verbindung setzt, sollte sich auch über Parkmöglichkeiten informieren. In den **Hotels** werden überwiegend die gängigen Kreditkarten akzeptiert. Gut informieren sollte man sich über mögliche Rabatte zum Beispiel bei mehreren Übernachtungen.

Hotels in der Downtown

- Best Western Primrose Hotel,
  111 Carlton Street,
  Toronto, Ontario, M5B 2G3,
  Tel. 416-9778000,
  Fax 416-9774874
- Bond Place Hotel,
  65 Dundas Street East, Toronto,
  Ontario, M5B 2G8,
  Tel 416-3626061, Fax 416-3606406

Hotels rund um Downtown Toronto

- The Camberley Club Hotel,
  40 King Street West,
  Toronto, Ontario, M5H 3Y2,
  Tel. 416-9479025
- Cambridge Suites Hotel,
  15 Richmond Street East,
  Toronto, Ontario, M5C 1N2,
  Tel. 416-3681990, Fax 416-601-3751
- Clarion Essex Park Hotel,
  300 Jarvis Street, Toronto, Ontario,
  Tel. 416-9774823, Fax 416-9774830
- Crowne Plaza Toronto Centre,
  225 Front Street West,
  Toronto, Ontario, M5V 2X3,
  Tel. 416-5971400, Fax 416-5978128
- Days Inn - Toronto Downtown,
  30 Carlton Street,
  Toronto, Ontario, M5B 2E9,
  Tel. 416-9776655, Fax 416-9770502
- The Delta Chelsea Inn,
  33 Gerrard Street West,
  Toronto, Ontario, M5G 1Z4,
  Tel. 416-595-1975, Fax 416-585-4393
- Executive Motor Hotel,
  621 King Street West,
  Toronto, Ontario, M5V 1M5,
  Tel 416-504-7441, Fax 416-5044722
- Holiday Inn On King,
  370 King Street West,
  Toronto, Ontario, M5V 1J9,
  Tel. 416-5994000, Fax 416-599-4785
- Hotel Selby,
  592 Sherbourne Street,
  Toronto, Ontario, M4X 1L4,
  Tel. 416-9213142
- Hotel Victoria,
  56 Yonge Street,
  Toronto, Ontario, M5E 1G5,
  Tel. 416-3631666, Fax 416-3637327
- Howard Johnson Plaza Hotel,
  475 Yonge Street,
  Toronto, Ontario, M4Y 1X7,
  Tel. 416-924-0611, Fax 416-924-1413
- Le Royal Meridien King Edward Hotel,
  37 King Street East,
  Toronto, Ontario, M5C 1E9,
  Tel. 416-8639700, Fax 416-3675515
- Metropolitan Hotel,
  108 Chestnut,
  Toronto, Ontario, M5G 1R3,
  Tel. 416-9775000, Fax 416-599-3317
- Novotel Toronto Centre,
  45 The Esplanade,
  Toronto, Ontario, M5E 1E2,
  Tel. 416-3678900, Fax 416-3608285
- Quality Hotel Downtown,
  111 Lombard Street,
  Toronto, Ontario, M5C 2T9,
  Tel. 416-3675555, Fax 416-3673470
- Radisson Plaza Hotel Admiral
  (Toronto Harbourfront),
  249 Queen's Quay West,
  Toronto, Ontario, M5J 2N5,
  Tel. 416-2033333, Fax 416-2033100
- Royal York Hotel,
  100 Front Street West,
  Toronto, Ontario, M5J 1E3,
  Tel. 416-3682511, Fax 416-368-2884
- Sheraton Centre of Toronto Hotel,
  123 Queen Street West,
  Toronto, Ontario, M5H 2M9,
  Tel. 416-3611000, Fax 416-9474854
- SkyDome Hotel,
  1 Blue Jays Way,
  Toronto, Ontario, M5V 1J4,
  Tel. 416-3607100, Fax 416-341-5090
- Strathcona Hotel,
  60 York Street,
  Toronto, Ontario, M5J 1S8,
  Tel. 416-3633321, Fax 416-363-4679
- Toronto Colony Hotel
  (Downtown City Hall),
  89 Chestnut Street,
  Toronto, Ontario, M5G 1R1,
  Tel. 416-9770707, Fax 416-585-3164

XI. Übernachtungsmöglichkeiten

- Toronto Hilton,
  145 Richmond Street West,
  Toronto, Ontario, M5H 2L2,
  Tel. 416-8693456, Fax 416-869-0291
- Toronto Marriot Eaton Centre,
  520 Bay Street,
  Toronto, Ontario, M5G 2L2,
  Tel. 416-5979200, Fax 416-5979211
- Westin Harbour Castle,
  1 Harbour Square,
  Toronto, Ontario, M5J 1A6,
  Tel. 416-8691600, Fax 416-8691420

Hotels rund um Downtown Toronto

- Best Western Roehampton Hotel,
  808 Mt. Pleasant Road,
  Toronto, Ontario, M4P 2L2,
  Tel. 416-4875101, Fax 416-487-5390
- Bradgate Arms,
  54 Foxbar Road,
  Toronto, Ontario, M4V 2G6,
  Tel. 416-9681331, Fax 416-9683743
- Comfort Hotel,
  15 Charles Street East,
  Toronto, Ontario, M4Y 1S1,
  Tel. 416-9271369, Fax 416-927-1369
- Four Seasons Hotel Toronto,
  21 Avenue Road,
  Toronto, Ontario, M5R 2G1,
  Tel. 416-9640411, Fax 416-9641489
- Grand Bay Hotel Toronto,
  4 Avenue Road,
  Toronto, Ontario, M5R 2E8,
  Tel. 416-924-5471, Fax 416-924-6693
- Hotel Inter-Continental Toronto,
  220 Bloor Street West,
  Toronto, Ontario, M5S 1T8,
  Tel. 416-9605200, Fax 416-324-5889
- Quality Hotel Midtown,
  280 Bloor Street West,
  Toronto, Ontario, M5S 1V8,
  Tel. 416-9680010, Fax 416-9687765
- Radisson Plaza Hotel Toronto,
  90 Bloor Street East,
  Toronto, Ontario, M4W 1A7,
  Tel. 416-9618000, Fax 416-9619581
- Selby Hotel,
  592 Sherbourne Street,
  Toronto, M4X 1L4,
  Tel. 416-921-3142, Fax 416-923-3177
- Sutton Place Hotel,
  955 Bay Street, Toronto, Ontario,
  Tel. 416-9249221, Fax 416-9243084
- Venture Inn Toronto Yorkville,
  89 Avenue Road,
  Toronto, Ontario, M5R 2G3,
  Tel. 416-9641220, Fax 416-9647456

Hotels im Norden und Osten von Metro Toronto

- Best Western Parkway Inn
  Toronto North,
  600 Highway Seven East,
  Richmond Hill, Ontario, L4B 1B2,
  Tel. 905-8812600, Fax 905-8823100
- Chimo Hotel,
  7095 Woodbine Avenue,
  Markham, Ontario, L3R 1A3,
  Tel. 905-4740444
- Embassy Suites Hotel -
  Toronto Markham,
  8500 Warden Avenue,
  Markham, Ontario, L6G 1A5,
  Tel. 905-4708500
- Inn on the Park Toronto,
  1100 Eglinton Avenue East,
  Toronto, Ontario, M3C 1H8,
  Tel. 416-2561, Fax 416-446-3306

Hotels in Scarborough

- Oak Motel,
  13100 Yonge Street,
  Richmond Hill, Ontario, L4E 1A6,
  Tel. 905-7733333, Fax 905-773-9619

- Sheraton Parkway Toronto North - Hotel Suites & Convention Centre,
  600 Highway Seven East,
  Richmond Hill, Ontario, L4B 1B2,
  Tel. 905-8812121, Fax 905-8817841

- Toronto Don Valley Hotel,
  1250 Eglington Avenue,
  Toronto, Ontario, M3C 1J3,
  Tel. 905-4494111, Fax 416-449-5898

- Travelodge Hotel Toronto East,
  55 Hallcrown,
  Toronto, Ontario, M2J 4R1,
  Tel. 416-4937000

- Valhalla Inn Markham,
  50 East Valhalla Drive,
  Markham, Ontario, L3R 0A3,
  Tel. 905-4772010, Fax 905-4772026

- Westin Prince Hotel,
  900 York Mills Road,
  North York, Ontario,
  Tel. 416-4442511, Fax 416-391-5184

Hotels in Scarborough

- Idlewood Inn,
  4212 Kingston Road,
  Scarborough, Ontario, M1E 2M6,
  Tel. 416-2866862, Fax 416-2870292

- New Plaza Motel,
  4584 Kingston Road,
  Scarborough, Ontario, M1E 2P4,
  Tel. 416-2849966, Fax 416-7245621

- Novotel Hotel - North York,
  3 Park Home Avenue,
  North York, Ontario, L4B 1B2,
  Tel. 416-733-2929, Fax 416-733-1743

- Sheraton Toronto East (Hotel and Towers),
  2035 Kennedy Road,
  Scarborough, Ontario, M1T 3G2,
  Tel. 416-2991500, Fax 416-2998959

- The Guild Inn,
  201 Guildwood Parkway,
  Scarborough, Ontario, M1E 1P6,
  Tel. 416-2613331, Fax 416-261-5675

- Venture Inn Scarborough,
  50 Estate Drive,
  Scarborough, Ontario, M1H 2Z1,
  Tel. 416-4399666, Fax 416-4394295

Hotels im Westen von Toronto

- Beach Motel,
  2183 Lake Shore Boulevard West,
  Toronto, Ontario, M8V 1A1,
  Tel. 416-259-3296, Fax 416-5030518

- Days Inn Mississauga,
  4635 Tomken Road,
  Mississauga, Ontario, L4W 1J9,
  Tel. 905-2385480, Fax 905-2381031

- The Delta Meadowvale Resort & Conference Centre,
  6750 Mississauga,
  Ontario, L5N 2L3,
  Tel. 905-8211981, Fax 905-5424036

- Deluxe Motel,
  1554 The Queensway,
  Toronto, Ontario, M8Z 1T5,
  Tel. 416-2525205

- Hillcrest Motel,
  2143 Lake Shore Boulevard,
  Toronto, Ontario, M8V 1A1,
  Tel. 416-252-5205, Fax 416-252-9763

- Motel 27,
  650 Evans Avenue,
  Etobicoke, Ontario, M8M 2W6,
  Tel. 416-2555500

XI. Übernachtungsmöglichkeiten

- Novotel Mississauga Hotel,
  3670 Hurontario Street,
  Mississauga, Ontario, L5B 1P3,
  Tel. 905-8961000, Fax 905-8964029
- Ramada Hotel Toronto Airport,
  2 Holiday Inn Drive,
  Etobicoke, Ontario, M9C 2Z7,
  Tel. 416-6212121, Fax 416-6219840
- Super 5 Motel,
  2171 Dundas Street East,
  Mississauga, Ontario, L4X 1M3,
  Tel. 905-6246424

Hotels im Nordwesten und rund um den Flughafen

- Cambridge Howard Johnson Plaza Hotel,
  600 Dixon Road,
  Etobicoke, Ontario, M9W 1J1,
  Tel. 416-2497671, Fax 416-2493561
- Comfort Inn Airport,
  240 Belfield Road,
  Rexdale, Ontario, M9W 1H3,
  Tel. 416-2418513
- Days Inn - Toronto Airport,
  6257 Airport Road,
  Mississauga, Ontario, L4V 1E4,
  Tel. 905-6781400, Fax 905-678-9130
- Delta Toronto Airport Hotel,
  801 Dixon Road,
  Etobicoke, Ontario, M9W 1J5,
  Tel. 416-6756100, Fax 416-675-4022
- Dodge Suites Hotel,
  5050 Orbiter Drive,
  Mississauga, Ontario,
  Tel. 905-2389600, Fax 905-2388502
- Glenerin Inn,
  1695 The Collegeway,
  Mississauga, Ontario, L5L 3S7,
  Tel. 905-8286103, Fax 905-8286103

- Heritage Inn,
  385 Rexdale Boulevard,
  Rexdale, Ontario, M9W 1R9,
  Tel. 416-7425510, Fax 416-7408810
- Holiday Inn Select Toronto Airport,
  970 Dixon Road,
  Etobicoke, Ontario,
  Tel. 416-6757611, Fax 416-674-4364
- Holiday Inn Toronto Yorkdale,
  3450 Dufferin Street,
  Toronto, Ontario, M6A 2V1,
  Tel. 416-7895161, Fax 416-789-2946
- Monte Carlo Inn,
  5 Derry Road,
  Mississauga, Ontario, L5T 2H8,
  Tel. 905-5648500, Fax 905-5648500
- Novotel Toronto Airport,
  135 Carlingview Drive,
  Etobicoke, Ontario, M9W 5E7,
  Tel. 416-7989800, Fax 416-7981237
- Ramada Hotel 400/401,
  1677 Wilson Avenue,
  Toronto, Ontario, M3L 1A5,
  Tel. 416-2498171, Fax 416-2437342
- Ramada Hotel - Airport West,
  5444 Dixie Road,
  Mississauga, Ontario, L4W 2L2,
  Tel. 905-6241144, Fax 905-6249477
- Regal Constellation Hotel,
  900 Dixon Road,
  Etobicoke, Ontario, M9W 1J7,
  Tel. 416-6751500, Fax 416-6751737
- Seahorse Inn,
  2095 Lakeshore Blvd,
  Toronto, M8V 1A1,
  Tel. 416-255-4433, Fax 416-251-5121
- Skyline Hotel at Toronto International Airport,
  655 Dixon Road,
  Etobicoke, Ontario, M9W 1J4,
  Tel. 416-2441711, Fax 416-2448031

- Stage West All-Suite Hotel,
  Sheraton Gateway Hotel in Toronto
  International Airport,
  Toronto AMF, Box 3000,
  Toronto, Ontario, L6P 1C4,
  Tel. 905-6727000, Fax 905-6727100

- Toronto Airport Hilton,
  5875 Airport Road,
  Mississauga, Ontario, L4V 1N1,
  Tel. 905-6779900, Fax 905-677-5073

- Toronto Airport Marriott,
  901 Dixon Road,
  Rexdale, Ontario, M9W 1J5,
  Tel. 416-6749400, Fax 416-6748292

- Venture Inn Toronto Airport,
  925 Dixon Road,
  Etobicoke, Ontario, M9W 1J8,
  Tel. 416-6742222, Fax 416-674-8717

- Wyndham Bristol Place Hotel,
  950 Dixon Road,
  Toronto, Ontario, M9W 5N4,
  Tel. 416-6759444, Fax 416-675-2037

Apartment Hotels

Für Familien und für einen längeren Aufenthalt bieten sich in erster Linie die Apartment Hotels an. Sie sind räumlich etwas großzügiger ausgestattet, verfügen über eine kleine Küche und bieten teilweise einen Zimmerservice. Darüber hinaus gehören oft Fernsehen, Klimaanlage und Telefon zum Inventar. erfreulicher Nebeneffekt ist der Preis, der vergleichsweise günstiger sein kann.

- Alexandra Apartment Hotel,
  77 Ryerson Avenue,
  Toronto, Ontario, M5T 2V4,
  Tel. 416-504-2121, Fax 416-5049195

- Bay Bloor Executive Suites,
  1101 Bay Street,
  Toronto, Ontario, M5S 2W8,
  Tel. 416-9683878, Fax 416-9687385

- Canadas Alternative Accomodations
  Danforth Suite Apartments Toronto,
  5 Donlands Avenue,
  Toronto, M4J 3N5,
  Tel. 416-778-1866

- Executive Travel Suites LTD.,
  33 City Centre Drive, Ste. 549,
  Mississauga, Ontario, L5B 2N5,
  Tel. 905-2739641, Fax 416-273-5920

- Glen Groves Suites,
  2837 Yonge Street,
  Toronto, Ontario, M4N 2J6,
  Tel. 416-4898441, Fax 416-4403065

- Grange Apartment/Hotel,
  165 Grange Avenue,
  Toronto, M5T 2V5,
  Tel. 416-603-7700, Fax 416-603-9977

- Middlefield Corporate Suites,
  633 Bay Street,
  Toronto, Ontario, M5G 2G4,
  Tel. 416-5935547, Fax 416-3401080

- Minto Plaza Furnished Suites,
  38 Elm Street,
  Toronto, Ontario, M5G 2K5,
  Tel. 416-9779977, Fax 416-5963429

- Sheraton Parkway Toronto North
  (Hotel & Suites),
  600 Highway Seven East,
  Richmond Hill, L4B 1B2,
  Tel. 905-8812121

- The Davisville Suite,
  Rental Office: 77 Davisville Avenue,
  Toronto, Ontario, M4S 1G4,
  Tel. 416-3225522, Fax 416-9251780

- The Villager Suite Hotel,
  88 Isabella Street,
  Toronto, Ontario, M4Y 1N5,
  Tel. 416-9255529, Fax 416-9251780

XI. Übernachtungsmöglichkeiten

Bed and Breakfast

Eine weitere Alternative zum Hotel ist Bed and Breakfast. Wie der Name schon sagt, schließt die Unterkunft ein Frühstück ein. Vielfach wurden in schönen Villen und alten viktorianischen Häusern Unterkünfte eingerichtet. Die ausreichend und oft liebevoll möblierten Zimmer verfügen teilweise über Klimaanlage und Fernsehen. Überwiegend ist das Rauchen im Haus und in den Zimmern nicht gestattet.

Adressen:
- Across Toronto Bed & Breakfast Inc. 253 College Street, Toronto, M5T 1R5, Tel. 416-588-8800, Fax 416-927-0838
- Alcina´s Bed & Breakfast, 16 Alcina Avenue, Toronto, M6G 2R8, Tel. 416-656-6400
- Arsovsky's Greenwood Villa, 10 Greenwood Avenue, Toronto, Ontario, M4L 2P4, Tel. 416-4617488
- At Balmy Beach in the Beaches, 274 Waverly Road, Toronto, Ontario, M4L3T6, Tel. 416-6902854, Fax 416-693-0347
- At Graig House in the Beach, 78 Spruce Hill Road, Toronto, Ontario, M4E 3G3, Tel. 416-6983916, Fax 416-698-8506
- At Home in the Beach and Breakfast Guest Home, 2255B Queen Street East, Ste. 104, Toronto, Ontario, M4E 1G3, Tel. 416-6909688
- Beaches Bed and Breakfast, 38 Beaconsfield Avenue, Toronto, Ontario, M6J 3H9, Tel. 416-5353338
- Bed and Breakfast Homes of Toronto, P.O.Box 46093, College Park Post Office, Toronto, Ontario, M5B 2L8, Tel. 416-3636362
- Beverley Place, 235 Beverley Street, Toronto, Ontario, M5T 1Z4, Tel. 416-9770077, Fax 416-5992242
- Burken Guest House, 322 Palmerstone Boulevard, Toronto, Ontario, M6G 2N6, Tel. 416-9207842, Fax 416-9609529
- By the Creek Bed and Breakfast, 1716 Lincolnshire Boulevard, Mississauga, Ontario, L5E 2S7, Tel. 905-8910337
- Downtown Toronto Association of Bed and Breakfast Guest Houses, P.O.Box 190, Station B, Toronto, Ontario, M5T 2W1, Tel. 416-6901724, Fax 416-6905730
- Feathers Bed and Breakfast, 132 Wells Street, Toronto, Ontario, M5R 1P4, Tel. 416-5342388
- High Park Bed and Breakfast, 4 High Park Boulevard, Toronto, Ontario, M6R 1M4, Tel. 416-5317963, Fax 416-531-0060
- Homewood Inn, 65 Homewood Avenue, Toronto, M4Y 2K1, Tel. 416-920-7944, Fax 416-920-4091
- Just your Cup of Tea english Style Bed and Breakfast, 2110 Varency Drive, Mississauga, Ontario, L5K 1C3, Tel. 905-8235212, Fax 905-2701826
- Lion's Gate Retreat, 58 Alcorn Avenue, Toronto, Ontario, M4V 1E4, Tel. 416-9209200, Fax 416-9204601

- Toronto Bed and Breakfast Inc.,
  Box 269, 253 College Street,
  Toronto, Ontario, M5I 1R5,
  Tel. 416-5888800, Fax 416-9641756
- Tudor House,
  71 Oriole Parkway,
  Toronto, M4V 2E3,
  Tel. 416-440-1922, Fax 416-440-2678
- Vanderkooy Residence,
  53 Walker Avenue,
  Toronto, Ontario, M4V 1G3,
  Tel. 416-9258765, Fax 416-925-8557
- Yonge Street Bed & Breakfast,
  3266 Yonge Street,
  M4N 3P6, Toronto,
  Tel. 416-481-2206, Fax 416-483-6364

Campingplätze

Campingplätze, die sogenannten Campgrounds, rund um Toronto sind leider Mangelware. Lediglich zwei Campingplätze stehen zur Verfügung, die aufgrund der Lage im Grünen relativ weit vom Stadtzentrum entfernt sind. Der nächste Campground zu Metropolitan Toronto ist „Indian Line Tourist Campground", 7625 Finch Avenue West, Tel. 9056781233, Fax 905-6616898. Er ist von Mai bis Oktober geöffnet und über den Highway 427 (Abfahrt Finch Avenue West) zu erreichen. er sit gut ausgestattet und verfügt über 225 Stellplätze.

Ein weiterer Campground ist „Milton Heights", im Westen, in der Nähe der Stadt Milton. Ihn erreicht man über den Highway 401 in westliche Richtung, dann Abfahrt 320 auf den Highway 25 und nach rund einem Kilometer auf die Campbellville Road. Nach 21/2 Kilometern Fahrt in westlicher Richtung auf die „Town Line" bis zum Campingplatz. Der gut ausgestattete Platz verfügt auch über einen Swimming-pool und bietet 450 Stellplätze. Er ist ganzjährig geöffnet und hat folgende Adresse:

- Milton Heights Campground,
  RR3, Milton, Ontario, L9T 2X7,
  Tel. 905-8786781, Fax 905-878-1986.

XII. Toronto - multikulturell

„Over the years, the world has come to Toronto and it never left" so treffend beginnt ein Zeitungsartikel, der sich mit der ethnischen Vielfalt in der Metropole beschäftigt. Sicherlich sind die vielen Sehenswürdigkeiten, die teilweise von Weltrang sind, Objekte, die auf der Besucherliste stehen sollte. Und das Erleben des Alltags in der oft hektischen Stadt ist zweifelsfrei auch sehr interessant. Was aber mit Abstand beindruckender ist und heute ein gewachsenes Markenzeichen der Metropole ist, das sind die vielen verschiedenen Kulturen. Hierbei ist die Megacity widerum eine Stadt der Superlative, denn man zählt mehr als 100 verschiedene ethnische Gruppen. Kaum vorstellbar, daß die Metropole vor rund 50 Jahren eine überwiegend britische und katholische Stadt war. Das Bild hat sich schnell geändert und die Stadt ist zu einem bedeutenden Mosaik verschiedener Kulturen geworden. Unzählige ethnische Gruppen leben überwiegend in Harmonie und Einklang in Toronto. Heute möchte keiner mehr die Uhr zurückdrehen. Für den Bewohner bedeutet das eine Bereicherung, von der auch der Besucher profitieren kann. Begegnungen und Besuche in den verschiedenen Stadtviertel der unterschiedlichen Kulturen gehören zu den besonderen Erlebnissen und Lebenserfahrungen. So kann zum Beispiel der Besuch der China Town einen etwaigen Eindruck des fernen Chinas vermitteln.

Die größten Zuwanderungen erfolgten nach dem Zweiten Weltkrieg

Auch wenn die meisten Einwanderer in den letzten Jahrzehnten nach **Toronto** kamen, verzeichnete man wesentlich früher die ersten Zuwanderer. Bereits um 1830 kamen zahlreiche Juden aus den USA und Europa, und Ende des 19.Jahrhunderts zog es unzählige Chinesen nach Toronto. Zu Beginn der 30er Jahre dieses Jahrhunderts waren noch rund 81 Prozent britischer Abstammung. Unter der „non-british" Bevölkerung waren die Juden mit rund 7% am stärksten vertreten, gefolgt von den Italienern und den Polen. Aber erst nach dem Zweiten Weltkrieg erfuhr Toronto eine starke Zuwanderung. Die hohe Anzahl der Immigranten hatte einen starken Einfluß auf die schnelle flächenmäßige Ausdehnung, auf das innerstädtische Bild und auf die Kultur. Während Toronto bis zu Beginn der 50er Jahre durch protestantische und britische Merkmale geprägt war, wurde das Alltagsleben danach zu einem großen Anteil polykulturell und katholisch. Nach dem Zweiten Weltkrieg erfolgte eine Immigration aus Mitteleuropa, aus Italien, aus der Ukraine und nach 1956 aus Ungarn. In den 70er und 80er Jahren folgten „Ströme" aus Asien, der Karibik und Lateinamerika. Darüber hinaus sind in starkem Umfang Portugiesen, Griechen, Koreaner, Vietnamesen, Chinesen und Südasiaten vertreten.

Heute gibt es in Toronto viele Stadtgebiete, in denen Bürger gleicher Herkunft oder Abstammung leben. Erwähnenswert sind die drei separaten „Chinatowns" und „Little Italy". Ein interessanter Platz ist der **Kensington Market**, ein ursprünglich jüdisches Gebiet, in dem heute überwiegend Portugiesen und Inder leben. Auf den lebendigen Basaren werden unter anderem Lebensmittel, Gewürze, Stoffe und Bekleidung angeboten. Weitere Indizien für die ethnische Vielfalt der Stadt sind die mehrsprachigen Straßenschilder, viele Spezialgeschäfte, religiöse Stätten wie Moscheen, unzählige Restaurants und die 78 Publikationen der unterschiedlichen Kulturen. Weitverbreitete Zeitungen mit einer hohen Auflage sind Corriere Canadese (italienisch), Deutsche Presse (deutsch), Equality News (karibisch) und Shing Wah Daily News (chinesisch). Insgesamt verfügt Toronto über 100 verschiedene ethnische Gruppen und gehört damit zu den multikulturellsten Städten diese Erde.

1992 zog es rund 224.000 Immigranten nach Kanada, was einer Immigrationsrate von 0,9% (bei 27,747 Mio. Einw.) entsprach. Vergleicht man die nationalen Einwanderungszahlen der letzten 10 Jahre, so kann man einen stetigen Anstieg feststellen: 1983 zog es rund 90.000 Menschen in das nordamerikanische Land. Das sind rund 134.000 Immigranten weniger als 1992. Ein Großteil der Einwanderer ließen sich in der Provinz Ontario und hierbei vornehmlich in dem Großraum Toronto nieder.

In diesem Jahr stieg die Einwohnerzahl um rund 170.000 Menschen, was ungefähr der Bevölkerung von Saarbrücken entspricht. Ein großer Anteil mit rund 64.000 Menschen waren davon Einwanderer, ein Drittel aller Immigranten, die es nach Kanada zog. Sie wählten als Ziel die Stadt Toronto. Die meisten dieser „Wahl-Torontonians" kamen aus Hong Kong, Polen und den Philippinen.

Auch in Zukunft wird der Zustrom von Immigranten nicht abbrechen, und Prognosen deuten darauf hin, daß abzüglich der Intra-Provinziellen Migration sich rund 50.000 Menschen im Jahr in der GTA niederlassen. Diese Zahlen verdeutlichen, in welchem engen Zusammenhang die hohen Einwanderungszahlen mit dem gravierendsten Problemen, dem Bevölkerungsanstieg und dem Stadtwachstum stehen.

Toronto ist nicht zu einem Schmelztiegel geworden, sondern zu einem Mosaik. Die unzähligen Völkern kamen und kommen mit ihren historischen Erbe in die Metropole und bereichern sie. Daß die Aufnahme von Immigranten und Flüchtlingen stets problemlos vonstatten ging, hängt sicherlich mit der Mentalität der Kanadier zusammen, die nach meinen Erfahrungen überwiegend mitfühlende Menschen sind, die die Probleme und Nöte dieser Welt kennen und sich jenen öffnen, die im eigenen Land politischem Druck ausgesetzt sind und ein Leben in Freiheit anstreben.

Auch Institutionen, wie das Planungsamt OGTA, das bedeutende Office for the Greater Toronto Area, sieht die ethnische Vielfalt als einen wichtigen Bestandteil einer „lebenswerten Stadt".

Wenn auch die zahlreichen Vertreter außerkanadischer ethnischer Gruppen ihre Kultur nach außen hin mit Stolz zeigen, so stößt man doch immer wieder auf witzige Kuriositäten - und so kann eine italienische Pizza in einer Pizzeria gekauft werden, die von einer chinesischen Familie betrieben wird - und sie schmeckt natürlich.

„Buon Giorno" in Little Italy

Bereits zu Beginn des Jahrhunderts lebten viele Italiener in der damals noch sehr puritanischen und britischen Stadt. 1921 waren rund zwei Prozent der Stadtbevölkerung Italiener. Heute sind es etwas mehr als 300.000 Menschen mit italienischer Herkunft, die in der Greater Toronto Area leben. Sie sind somit noch vor den Chinesen die stärkste „ethnische Gruppe" Torontos. Diese Gemeinschaft ist außerhalb des Mutterlandes Italien die Größte. 1986 verzeichnete man in der Metropolitan Toronto rund 292.000 „Italiener", das entsprach einem Anteil von 9% an der gesamten Bevölkerung Torontos. Die Zuwanderung der Italiener ist im Vergleich zu den Chinesen wesentlich geringer, so daß lassen sich pro Jahr rund 300 Auswanderer aus Italien in Toronto nieder. Bürger mit italienischer Herkunft bewohnen bestimmte Gebiete Torontos. Das größte Gebiet, das auch als „Little Italy" bezeichnet wird, liegt im Stadtzentrum, nahe St. Clair West. Dieses Gebiet etablierte sich bereits zu Beginn der 50er Jahre als „Klein-Italien". Einen hohen Anteil aus Italien stammender Bevölkerung verzeichnet man in Etobicoke, York, im Westen von North York und in der City of Toronto. Sie sind unter anderem an den zahlreichen italienischen Restaurants wie Pizzarien zu erkennen. Gebiete mit einem vergleichsweise geringerem Anteil sind East York, Scarborough und der östliche Teil von North York.

Mit italienischem Temperament werden Anlässe gefeiert, die mit dem Mutterland in Verbindung stehen. Der Sieg der Fußballweltmeisterschaft 1982 wurde in den Straßen von „Little Italy" mit überschwenglicher Begeisterung gefeiert.

China ist nur 3 Blöcke entfernt - die Chinatown

Es ist natürlich ein wenig übertrieben, zu behaupten, das eine Chinatown das reale Bild eine chinesischen Stadtteils vermittelt. Es wird jedoch ein annähernder Eindruck vermittel, der begeistert und haften bleibt. Durch kontinuierliche Zuwanderung steigt auch weiterhin die Zahl der Chinesen in dem Großraum Toronto. Sie stellen nach San Francisco die zweitgrößte chinesische Gemeinschaft in Nordamerika dar. Eine weitere große chinesische Gemeinschaft besteht innerhalb Kanadas in Vancouver. Die Gruppe der Chinesen ist die älteste und am schnellsten wachsende ethnische Gruppe in Toronto, was letzlich auch durch eine Vergrößerung der Chinatowns verdeutlicht wird.

1878 ließ sich der erste Chinese in Toronto nieder. Ihm folgten nach der Fertigstellung der bedeutenden Eisenbahnverbindung Canadian Pacific Railway (1885) weitere Ströme. Um die Jahrhundertwende konzentrierten sich ihre Geschäfte wie Gemüseläden und Wäschereien an der Yonge Street, der Church Street und der Queen Street East und West. 1911 lebten rund 1.000 Chinesen in der Stadt und ihre Geschäfte und Wohnungen verlagerten sie in die Dundas Street. Mit der

China ist nur 3 Blöcke entfernt - die Chinatown

Chinatown

Zunahme der Chinesen stieg neben dem breitgefächerten Angebot an Geschäften auch die Zahl der verschiedenen Einrichtungen wie chinesischen Glaubensstätten, Schulen, Theater und Opernhäuser. Kontinuierlich stieg die Zahl der chinesischen Einwanderer. In der Zeit von 1981 bis 1986 nahm der Anteil der Bürger von Toronto mit chinesischer Herkunft um 43% zu. Die Anzahl der heutigen, aus China stammenden Menschen wird auf ungefähr 300.000 geschätzt. Heute kommt rund jeder vierte Immigrant aus China und Hong Kong. Der gegenwärtige Trend wird weiter anhalten. Hier spielt auch eine wichtige Rolle, daß Hong Kong 1997 an China zurückfällt. Bereits zu Beginn der 80er Jahre transferierten zahlreiche Geschäftsleute aus Hong Kong ihre Gelder nach Kanada. Die Direktinvestitionen aus Hong Kong nach Kanada, insbesondere nach Toronto, waren größtenteils auf den Handel und den Immobilienmarkt ausgerichtet und sind in den Jahren von 1985 bis 1990 wertmäßig um 640% gestiegen.

Die Chinesen kann man auf dem Arbeitsmarkt in zwei Gruppen einteilen: den größten Teil kann man den niedrigen Einkommensgruppen zurechnen. Sie leben überwiegend im Stadtzentrum in der Chinatown. Eine sehr kleine Gruppe, ist in den gut bezahlten Führungspositionen tätig und lebt in guten Wohngegenden am Rande der Stadt, außerhalb der Chinatowns.

Von den drei Chinatowns liegt das größte im Bereich der Dundas Street, westlich der University Avenue und entlang der Spadina Avenue. In diesem Chinatown stößt man auf rund 100 Restaurants. Neben den ins Auge fallenden, unzähligen Geschäften verfügen die Chinatowns über wichtige Einrichtungen wie Glaubensstätten, Büchereien, Schulen, Begegnungsstätten, Kindergärten, Museen, Theater, Opern- und Konzerthäusern. Sogar ein eigenes Fernsehprogramm, das „Chinavision Cable TV", wird betrieben und kann per Kabel empfangen werden. Auch für die „Chi-eppies", die älteren und armen Chinesen, wird gesorgt. Sie leben in dem Altenheim in Chinatown und können so an den kulturellen Aktivitäten teilhaben. Zwei weitere Chinatowns befinden sich entlang der Broadview Avenue zwischen Gerrard und Dundas Street sowie in dem Vorort von Agincourt in der Stadt Scarborough. In Scarborough wird in den nächsten Jahren ein chinesisches Kulturzentrum entstehen. Dieses Kulturzentrum wird das größte seiner Art in Nordamerika sein und teilweise aus Mitteln der Stadt Scarborough finanziert werden. Dieses gigantische Zentrum, das in der südöstlichen Ecke der Markham Road und Sheppard Avenue entstehen wird, wird neben dem Einzelhandel und kulturellen Einrichtungen auch zahlreiche Wohnungen beherbergen.

In Chinatown ist der Besucher ein gerngesehener Gast. Den Begriff Chinatown kann man wörtlich nehmen, denn in dieser ungewohnten Umgebung fühlt man sich nicht wie in Kanada, sondern wie in China. Die uns so vertrauten Buchstaben sind verschwunden, und die chinesischen Schriftzeichen können nicht entziffert werden. Die zahlreichen Lebensmittelgeschäfte bieten allerlei Unbekanntes. Auf den Tischen an den Straßen gehören Hühnerfüße und exotisches Obst zu den alltäglichen Waren. Gemüse wird mit viel

Liebe und Sorgfalt gesäubert und zum Kauf angeboten. In den Lebensmittelgeschäften, in denen Gewürzgerüche vermischt mit Fischgerüchen ein manchmal unbehagliches Klima bieten, können viele Lebensmittel nicht identifiziert werden. Der Inhalt der zahlreichen Dosen ohne Etiketten im Regal bleibt dem Besucher unbekannt. Schaut man sich in den Straßen von Chinatown um, so sieht man überwiegend „asiatische Gesichter" und fühlt sich selbst als „Exot". Spricht man die Bewohner an, gibt es teilweise Sprachprobleme.

Die drei Chinatowns in Toronto sind nicht nur beliebte touristische Anziehungspunkte, sondern unterstreichen auch die Bedeutung der kosmopolitischen Metropole.

Nach den Italienern, Chinesen und Portugiesen sind die Deutschen bzw. die Kanadier mit deutscher Abstammung die viertgrößte Immigrantengruppe in Toronto. Ähnlich gering wie die Zahl der italienischen Einwanderer ist die Zahl der deutschen Immigranten pro Jahr und so ließen sich 1990 rund 300 Deutsche in Toronto nieder. Rund ein Drittel dieser Einwanderer sind Geschäftsleute. Insgesamt betrug die Zahl der bisherigen deutschen Einwanderer rund 60.000.

XIII. Hollywood des Nordens

Die „Torontonians" sind es gewöhnt die Straßenseite zu wechseln, weil ein Filmteam einen Bürgersteig mal wieder in Anspruch nimmt. Ist noch ein wenig Zeit, dann kann man doch mal eben den Starregisseuren kurz über die Schulter schauen und man sieht mal wieder einen der vielen bekannten Hollywood-Stars. Es macht Ihnen Spass und der ist am größten, wenn man einen Teil der Metropole dann auf der Leinwand im Kino oder im Fernsehen sieht. Längst schon stört es die Einwohner nicht mehr, daß sich die Filmteams mit riesigen Trucks und den unvorstellbar großen Wohnmobilen, den Winnebagos auf den Parkplätzen breit machen. Dies sind die ersten Anzeichen, dass irgendwo in der Nähe wieder Kameras und Scheinwerfer aufgebaut werden und man Acht geben muss nicht über Kabel zu stolpern.

Es ist wahr. Toronto wird auch als Hollywood des Nordens bezeichnet, denn sie ist nach Los Angelos und New York die bedeutendste Filmmetropole. Hollywood-Größen wie Bette Midler, Kathleen Turner, Hugh Grant und Gene Hackman sind nur wenige der Stars, die in der Metropole schon vor der Kamera standen und als Kulisse schätzen. Selbst Ausschnitte einiger Filme deren Handlung in New York spielt stammen aus Toronto. Hier muss jedoch vielfach nachgeholfen werden, damit dieser Kunstgriff nicht auffällt, denn die sauberen Straßen in Toronto mussten erst mit viel Müll hergerichtet werden.

Es ist auch wahr, dass Kanada nach den Vereinigten Staaten weltweit zweitgrößter Produzent von Fernsehproduktionen ist und die meisten wurden in Toronto gedreht.

1996 wurden u.a. 36 Kinofilme, 45 Fernsehfilme und 31 Fernsehserien in Toronto gedreht und jährlich werden rund 1,5 Milliarden kanadische Dollar seitens der Film- und Fernsehproduzenten investiert. Warum gerade Toronto ? Die Antwort ist einfach und liegt auf der Hand, denn in Toronto kann man auf zahlreiche Kulissen zurückgreifen ohne die Stadt zu wechseln. Das Spektrum ist groß und reicht von der Downtown mit Wolkenkratzern über Flußtäler, einer Insel mit Sandstränden, dem großen Ontariosee, dem Hafen, U-Bahnstationen, einem Schloss, den vielen Straßenzügen mit Bauten in unterschiedlichen Stilrichtungen bis hin zu den vielen ethnischen Stadtvierteln. Für den Zuschauer kaum erkennbar werden die Kulissen so hergerichtet, daß der Film dann in New York, Bosten, San Fransisco oder Seattle spielen kann. Selbst der weite Weg bis ins ferne China ist nicht notwendig, denn den erforderlichen Hintergrund bietet die Chinatown. Bleibt die Frage offen, warum dreht man dann nicht direkt in New York & Co. Auch hier liegt die Antwort wieder auf der Hand und hat natürlich mit dem lieben Geld zu tun, denn das Filmen in Toronto ist rund ein Drittel günstiger. Toronto bietet den Produzenten Studios und Lagerhallen wesentlich günstiger an.

Neben den zahlreichen variablen Drehorten hat Toronto noch eine Menge fester Bühnen zu bieten. Toronto ist eine „Show Town" mit einem unvergleichlichen Angebot an Musicals, Theatern und Kinopalästen und warum eigentlich „Hollywood des Nordens", wenn „Broadway des Nordens" ebenso zutreffend ist. Im Schnitt kann man pro Woche 40 unterschiedliche Stücke sehen, unter ihnen viele Musicals von Weltrang, wie „Phantom der Oper", „Miss Saigon", „Sunset Boulevard", „The Who's Tommy" oder „Crazy for You". Diese Vielfalt ist auch ein Verdienst von dem Theaterproduzenten David Mirvish, Sohn des bekannten Ed Mirvish, der in Toronto besser unter dem Beinamen Honest Ed bekannt ist. Noch bekannter ist sein schrilles Warenhaus „Honest Ed's", ein Vorreiter amerikanischer Discounter. Theaterfreund Ed Mirvish bewahrte in den 60er Jahren das legendäre „Royal Alexandra Theatre" vor dem Abriss. Und auch für das Mega-Musical Miss Saigon in Toronto waren die Mirvish Wegbereiter. Sie ließen zunächst das große Prachttheater Princess of Wales Theatre bauen, in dem sich dann das Miss Saigon Ensemble auslassen konnte.

XIV. Die Stadt und ihre Sorgen

Es liegt auf der Hand, dass eine Metropole wie Toronto ihren Bewohnern kein rundum sorgenfreies Leben bieten kann. Vielfach liebevoll als „Toronto the Good" betitelt, hat die Stadt dennoch mit einigen schwerwiegenden Problemen zu kämpfen. Dennoch darf man nicht vergessen, daß rund vier Millionen Menschen in und um **Toronto** wohnen, die sich überwiegend sehr wohl fühlen. Und eingangs sollte auch nicht verschwiegen werden, daß viele Probleme im Vergleich zu anderen nordamerikanischen Metropolen nicht so gravierend sind.

Mehr Menschen - mehr Probleme

Nicht ohne Grund ist Toronto eine beliebte Metropole, die zahlreiche Menschen anzieht und um rund 100.000 Bürger alljährlich wächst.

Die aufgeführten Probleme stehen in einem engen Zusammenhang mit der gegenwärtigen Rezession, dem raschen Bevölkerungsanstieg und dem damit verbundenen „Ausufern" des Stadtgebietes. Ganz banal gesehen beanspruchen neue Wohnsiedlungen und Industrieflächen wertvolles Agrarland, mehr Autos verstopfen verstärkt die Straßen und produzieren mehr Abgase, mehr Menschen verbrauchen mehr

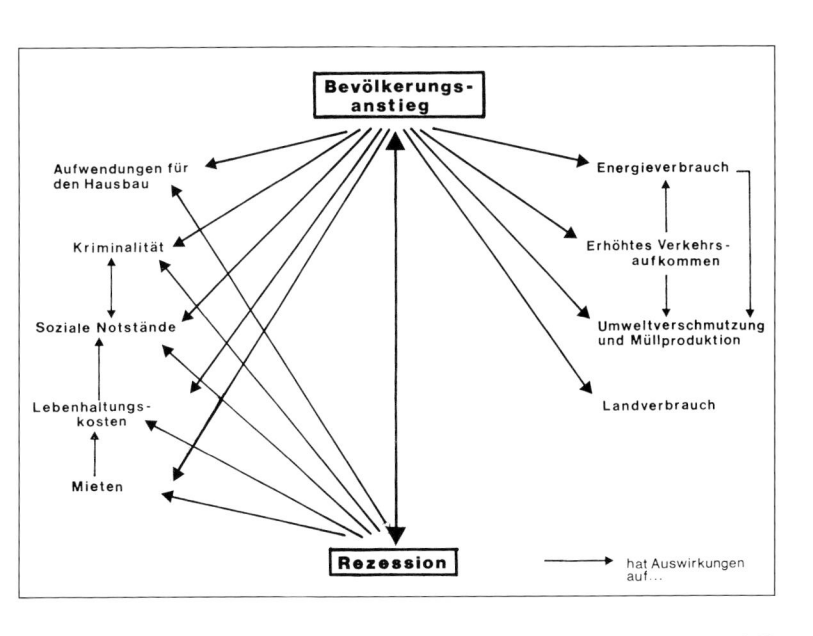

Energie und produzieren mehr Müll, und eine rezessionsbedingte Knappheit der Gelder in den Kassen der Kommunen und Städte haben eine Kürzung der Sozialleistungen zur Folge. Dieses einfache Beispiel verdeutlicht den Zusammenhang zwischen dem Bevölkerungsanstieg, dem Ausufern des Stadtgebietes (Urban Sprawl) und der Rezession in der GTA und den bestehenden Problemen. Hierbei können der Bevölkerungsanstieg und der Urban Sprawl als zwei eng miteinander verknüpfte Faktoren angesehen und zusammengefaßt werden. Mit dem gegenwärtigen Konjunkturrückgang stellen sie sowohl die Probleme als auch die Hauptverursacher dar:

Bevölkerungsanstieg und schneller Ausbau des Stadtgebietes

„Verdichtung des Stadtgebietes wird das wichtigste Thema um die zukünftige Entwicklung und ob das Stadtgebiet noch 2,5 Millionen Bürger aufnehmen kann", Pat Brennan (Journalist beim Toronto Star).

Für jeden Toronto-Besucher zeigt sich schon vom Blick aus dem Flugzeug eines der bedeutendsten Probleme - der schnelle Bevölkerungsanstieg und die damit verbundene Verdichtung und rasche Ausdehnung der Stadt. Man sieht zahlreiche Neubausiedlungen, großflächige Baugebiete, in denen lediglich die angelegten Straßen auf die späteren gigantischen Ausmaße hinweisen. Monoton gestaltete Wohnsiedlungen mit eng aneinanderstehenden Einfamilienhäusern und winzigen Vorgärten nehmen mächtige Areale ein.

Durch die Lage am Ontariosee kann sich das Stadtgebiet nicht in die südliche Richtung ausdehnen. In den 70er und 80er Jahren wurde immer wieder die Stadtgrenze von Metropolitan Toronto erreicht, und mittlerweile gibt es innerhalb Metro Torontos nur wenige Freiflächen. Lediglich in der Nähe des Zoos bestehen einige größere freie Areale. Da ein Ende des starken Städtewachstums nicht in Sicht ist und die Einwohnerzahl im Jahre 2021 auf rund 6,7 Millionen in der Greater Toronto Area geschätzt wird, befassen sich schon seit langem Stadtplaner, Arbeitsgruppen (sog. Consultants Groups) und Institutionen mit dem Problem. Jährlich steigt die Stadtbevölkerung um rund 100.000 Personen an, was einer mittleren Kleinstadt entspricht. Der rasche Anstieg hat natürlich gravierende Auswirkungen, auf die im weiteren Verlauf näher eingegangen wird.

Eine Institution, die sich mit dem Bevölkerungs- und Stadtwachstum in der Greater Toronto Area intensiv beschäftigt, ist das Amt für den Großraum Toronto, „The Office for the Greater Toronto Area" (kurz OGTA). Durch verstärkte Öffentlichkeitsarbeit wird versucht, die betroffenen Bürger miteinzubeziehen.

Die Rezession hat tiefgreifende Folgen

Die gegenwärtige wirtschaftliche Situation Torontos kann man bildlich treffend beschreiben, und so kann man sagen, daß „Canada's economic engine" wesentlich langsamer läuft als bisher. Der wirtschaftliche Motor des Landes, der durch ein rund 25% höheres Pro-Kopf Einkommen als der nationale Durchschnitt gekennzeichnet war und in den beiden vergangenen Jahrzehnten Kanadas wichtigster arbeitsplatzschaffender Markt war, wird derzeitig von der Rezession härter getroffen als andere Gebiete Kanadas.

Bereits zu Beginn der 80er Jahre verzeichnete man in Toronto einen Konjunkturrückgang. Von dieser Rezession konnte sich die Wirtschaft schnell wieder erholen, und Mitte der 80er Jahre zog der gesunde Arbeitsmarkt wieder Immigrantenströme an. Ontario entwickelte sich zur wirtschaftlich gesündesten Provinz.

Seit 1990 verzeichnet man eine sehr tiefgreifende Rezession. Eine Folge ist der Anstieg der Arbeitslosenrateverbunden mit dem Wegfall zahlreicher Arbeitsplätze. Während gegenwärtig die Arbeitslosigkeit in Ontario sehr hoch ist, zeigt sie sich in der GTA am gravierendsten. Verbunden mit dem Rückgang der Arbeitsplätze fielen zahlreiche Büro- und Industrieflächen brach (2,4 Mio. Quadratmeter Büroflächen und 3,3 Mio. Quadratmeter Industriefläche), und die Zahl nimmt weiterhin zu. Verstärkt wurde der Konjunkturrückgang auch durch massive Veränderungen in den Sektoren. Während die Zahl der Arbeitnehmer in den produzierenden Branchen zurückgeht, steigt die Zahl der Beschäftigen, die im Dienstleistungsbereich tätig sind.

Trotz des gegenwärtigen Rückgangs der Konjunktur steigt die Bevölkerungszahl.

Die resultierenden Probleme

Die Probleme, die aus dem Bevölkerungs- und Städtewachstum und der Rezession resultieren, betreffen in erster Linie die Bereiche Landverbrauch, erhöhtes Verkehrsaufkommen, Umweltverschmutzung, Energieverbrauch, Aufwendung für den Hausbau, Lebenshaltungskosten, Mieten, soziale Notstände und Kriminalität. Diese Probleme sind direkte Auswirkungen des Bevölkerungsanstieges oder der Rezession. Zwischen den Problemen gibt es Zusammenhänge und so zieht vielfach der soziale Notstand Kriminalität nach sich. Die Mieten haben direkten Einfluß auf die Lebenshaltungskosten, und das erhöhte Verkehrsaufkommen wirkt sich (negativ) auf den Energieverbrauch aus, was wiederum zu einer gesteigerten Umweltbelastung führt (siehe Abbildung „Problemfelder in Toronto").

Die Sorgen und Probleme sind das Erbe einer populären Stadt, die wie kaum eine andere Metropole Menschen anzieht. Die neuen Bürger fühlen sich trotz der Fülle von Problemen überwiegend wohl und werden zu einem großen Teil auf Dauer seßhaft. Sie werden in die weitere Planung durch verstärkte Öffentlichkeitsarbeit der Planungsämter und durch das „Office for the Greater Toronto Area" miteinbezogen. Nur Hand in Hand kann man Herr der Lage werden.

Teilweise werden bei der Vorstellung der Probleme Lösungsvorschläge aufgeführt. In dem Kapitel „Rezepte und Lösungsvorschläge für Torontos Zukunft" wird auf die Mittel, Maßnahmen, Ideen und Verbesserungsvorschläge ausführlicher eingegangen.

Land fällt der Bebauung zum Opfer

Direkte Auswirkungen hat die stark steigende Bevölkerung in der GTA auf die flächenmäßige Ausdehnung des Stadtgebietes. Dieser Landverbrauch spielt sich überwiegend außerhalb der mittlerweile durchgängig besiedelten Metro Toronto ab. In der Metro Toronto sind in der letzten Zeit lediglich kleine Wohngebiete entstanden. Dennoch verzeichnet die Metro durch die Reurbanisierung und „Revitalisierung" ein Bevölkerungswachstum, das gemessen an den Zahlen der vier Regionen wesentlich geringer ist.

In den vier Regionen Halton, Peel, York und Durham wird durch ständige Urbanisierung überwiegend wertvolles Agrarland in flächenintensive Wohngebiete, Industrie- und Gewerbegebiete umgewandelt. Darüber hinaus wurden in der Vergangenheit immer wieder Naturräume, die sogenannten Greenlands, geopfert. Nachdem der Großteil der Bevölkerung mit Greenlands nur die stadtnahen Grünflächen und Parkanlagen verbunden hat und das Agarland als ein Gebiet, das auf eine bessere Nutzung wartet, angesehen wurde, hat man inzwischen die Bedeutung der Naturräume erkannt. Gesetzesentwürfe und eine bessere Aufklärung sollen in Zukunft dazu beitragen, daß landwirtschaftliche Nutzflächen, Waldgebiete, Uferbereiche der Flüsse und Seen, Feuchtgebiete und die Erhöhungen Oak Ridge Morain und Niagara Escarpment einen besonderen Schutz genießen und zu einer Verbesserung der Lebensqualität in der GTA beitragen.

Dennoch muß für eine bis zum Jahr 2021 prognostizierte zusätzliche Wohnbevölkerung von rund 2½ Millionen Menschen Wohnraum und Arbeitsplätze, soziale Einrichtungen und eine Infrastruktur geschaffen werden. Bei vielen Menschen ist der „Canadian Dream", der Traum vom Eigenheim im Grünen noch nicht ausgeträumt, und weiterhin verbrauchen große Neubaugebiete mit den kompakten Einzelhäusern wichtige Naturräume. Dies führt in den ländlichen Räumen, der sogenannten „Countryside", neben vermehrten Konflikten zwischen der Farmbevölkerung und der Wohnbevölkerung auch zu einem Wandel des ländlichen Lebens. Darüber hinaus kann durch den Verlust der wirtschaftlich bedeutenden Agrarflächen, die zu den produktivsten in Kanada gehören, der Lebensmittelbedarf der steigenden Bevölkerung in der GTA nicht mehr gedeckt werden. Mehr Land kann zur agrarischen Nutzung nicht mehr erschlossen werden, da das Potential dieser wichtigen Ressource bis auf ein Prozent ausgeschöpft worden ist.

Der Bebauungsplan, der „Official Plan", gibt vor, welche Gebiete bebaut werden dürfen, und so wird bis zum Jahr 2011 der Grüngürtel (Green Belt) zwischen dem Kernraum und den peripheren Siedlungen bebaut sein.

In den 70er Jahren wurden rund 204 km^2 Land urbanisiert, und in den 80er Jahren fiel mit rund 342 km^2 wesentlich mehr Land neuen Siedlungen und Industriegebieten zum Opfer. In diesem Zeitraum verzeichnete man in den drei Jahren 1987-89 einen ausgesprochenen Bauboom. In der letzten Dekade dieses Jahrhunderts wird jedoch der höchste Landverbrauch erwartet, der bei rund 408 km^2 liegen wird. Allmählich wird dann nach der Jahrhundertwende der Bedarf zurückgehen, und es wird ein Landverbrauch in den Jahren 2001-2011 von 327 km^2 und zwischen 2011-2021 von 285 km^2 erwartet. Ausgehend vom Jahr 1981 wird bis zum Jahr 2011 eine Fläche von rund 1.080 km^2 und bis zum Jahr 2021 rund 1.364 km^2 beansprucht werden. Generell liegt gegenwärtig der

Landverbrauch von 1.000 Menschen bei ungefähr 42 Hektar.

Das schwerwiegende Problem des Landverbrauchs ist verbunden mit weiteren Folgeproblemen wie:
- Verlust des hochwertigen Agrarlandes und Ertragseinbußen
- Verlust von Naturräumen und der artenreichen Flora und Fauna
- verminderte Lebensqualität
- Konflikte zwischen Farm- und Wohnbevölkerung
- Bebauung von archäologischen Fundstätten
- Infrastruktur muß erweitert werden
- erhöhter Energiebedarf
- stärkeres Verkehrsaufkommen
- erhöhte Belastung der Umwelt
- Anstieg der lokalen Steuern
- Auswirkungen auf den Kernraum durch beschleunigte Dezentralisierung

Erhöhtes Verkehrsaufkommen

Mit der steigenden Bevölkerungszahl nimmt natürlich auch die Zahl der Verkehrsteilnehmer zu. Parallel dazu kann der Ausbau der Infrastruktur nicht Schritt halten, zumal in den vergangenen Jahrzehnten nur sehr wenig investiert wurde. Solange das Verkehrsnetz keinen gravierenden Ausbau erfährt, werden die Pendler weiterhin das Auto favorisieren, werden die Straßen weiterhin verstopft sein, werden Abgase produziert, wird Energie verbraucht, wird die Dauer des Pendelverkehrs steigen und die Autofahrer werden weiterhin einem zunehmenden Streß unterliegen.

Suchten 1986 noch rund 270.000 Pendler ihren Anfahrtsweg aus den vier Regionen in die Metro, so schätzt man die Zahl der Pendler im Jahr 2011 auf rund 500.000. Besonders drastische Auswirkungen hat der Pendelverkehr in den Stoßzeiten, den in Toronto so berüchtigten „Rush Hours", die stets für schwerwiegende Verkehrsprobleme sorgen. Vor und nach der Arbeit rollen „Blechlawinen" über die Highways und die Straßen der Innenstädte. Der Highway 401, der Macdonald Cartier Freeway, ist nur ein Beispiel, hier staut sich dann in beiden Richtungen der Verkehr. Die Liste der Straßen mit nennenswerten Verkehrsproblemen ist lang und muß stets erweitert werden. Besonders stark betroffen ist die Region Peel mit zahlreichen Staus auf der Q.E.W., 401 (insbesondere bei Credit River und südlich des Flughafens), 409 und 403. Vielfach kommt der Verkehr auch in den Industriegebieten rund um den Flughafen zum Erliegen. Dieser Stau läßt sich nicht mit europäischen Verhältnissen vergleichen, da bis zu 14 Fahrbahnen (in beiden Richtungen) beansprucht werden. Alljährlich verursachen Staus und zähfließender Verkehr in der Greater Toronto Area Kosten in Höhe von rund zwei Milliarden kanadischer Dollar.

Unendlich lang ist auch die Auflistung der Defizite des Verkehrsnetzes. Zahlreiche Straßen, insbesondere Verbindungstraßen fehlen. Highways müssen ausgebaut werden, und zahlreiche Anschlüsse an die Highways fehlen.

Um das Chaos in der Innenstadt zu minimieren, ist in vielen Straßen der Downtown das Parken in der Zeit von 7-10 und 15-19 Uhr verboten. Um einen Anreiz für Fahrgemeinschaften, Radfahrer und die Öffentlichen Verkehrsmittel zu schaffen, ist auf einigen größeren mehrspurigen Straßen eine

Fahrbahn für Busse, Taxis, Radfahrer und für Pkws mit drei oder mehr Personen reserviert worden. Diese „Diamond Lane" umfaßt gegenwärtig 56 Kilometer.

Eine weitere wichtige Maßnahme ist der Bau des Highway 407. Er wird in verschiedenen Teilstücken bis zum Jahre 2000 fertiggestellt sein und verläuft auf einer Länge von 67 Kilometern großräumig um Metropolitan Toronto. Verbunden mit dem Highwaybau sind rund 26.000 zusätzliche direkte und indirekte Arbeitsplätze.

Umweltverschmutzung und Müllproduktion

Elizabeth Simcoe, die Frau des Gouverneurs John Graves Simcoe von Upper Canada schrieb im Juli 1793: „The water in the bay is beautifully clear and transparent".

Leider sind die Gewässer heute nicht mehr so schön klar wie vor rund 200 Jahren, denn in vielen Bereichen ist der Ontariosee durch Chemikalien und Abwässer stark belastet. Neben dem See sind auch die Flüsse Torontos verschmutzt. Bei besonders starker Belastung des Ontariosees werden in der Hauptsaison auch einige Strände geschlossen. Eine Ursache ist in der Kanalisation zu sehen. Bei heftigen Regenfällen laufen die Abwässerkanäle über und in die Regenwasserkanäle, die das Wasser direkt in den Don River und Humber River leiten, die dann wiederum in den Ontariosee münden. Darüber hinaus befördern die Flüsse Anteile giftiger Chemikalien wie Rückstände von Herbiziden und Pestiziden, Farben, Öle, Salze, PCBs und vieles mehr. Hinzu kommt noch, daß der Ontariosee in der Kette der Großen Seen das letzte Glied ist, und so empfängt der See die Schadstoffe der bedeutenden Industriegebiete an den Großen Seen und am Niagara River. Neben den aufgeführten Giftstoffen beinhaltet der Ontariosee auch Dioxine, Taxophene, Lindane und weitere 180 Sorten von Chemikalien und Schwermetallen.

Durch das Überlaufen der Kanäle erhält der See Haushaltsabwässer (z.B. Waschmittel) und oberflächig abfließende Wassermengen, die u.a. Düngemittel beinhalten. Die Folge: der See wird mit Pflanzennährstoffen angereichert. Es bilden sich unkontrolliert wesentlich mehr Wasserpflanzen, und der Sauerstoffgehalt des Wassers geht drastisch zurück. Dieser Vorgang (Eutrophierung) schafft einen nährstoffreichen (eutrophen) See, der leider ein sehr schlechter Lebensraum für Fische ist. Generell ist aufgrund der Gewässerbelastung der Verzehr des Fisches aus dem Ontariosee nur eingeschränkt möglich. In einigen Gebieten ist auch das Grundwasser, das als Trinkwasser benutzt wird, durch steigende Nitratwerte belastet, was den Bau neuer Pumpstationen an anderer Stelle notwendig macht.

Luftverschmutzung spielt insbesondere im Sommer eine wichtige Rolle, wenn warme, langsame tropische Winde die Stadt bedecken und sich die Abgase der Industrie und der Kraftfahrzeuge aufstauen. Darüber hinaus werden in den letzten Jahren steigende Ozonwerte gemessen. Besonders hoch sind die Werte in den nördlichen Bereichen Torontos, wie in North York. Einer der bedeutenden Luftverschmutzer in Toronto nimmt stetig zu, das Automobil.

Ein weiteres Problem, das aufgrund der steigenden Stadtbevölkerung weiter zunehmen wird, ist die Müllbeseitigung. Die Kanadier sind pro Kopf gesehen die größten Müllproduzenten weltweit. In der GTA addiert sich die jährliche Müllmenge auf rund 5 Millionen Tonnen. Mit dieser Menge können sechs Sportstadien von der Größe des gigantischen SkyDome gefüllt werden. Täglich fallen rund 2.000 Lkw-Ladungen Müll an, und die umliegenden Gemeinden wollen nicht länger die „Müllkippe" für Toronto sein. Das 1988 eingeführte Recycling Programm (Municipal Recycling Programm) half jedoch ein wenig, die Mengen zu reduzieren. Leider ist das Umweltbewußtsein der Kanadier nicht sehr stark ausgebildet. Wie stark die vermeidbare Müllproduktion der Konsumenten ist, fällt stets beim Besuch eines Fast-Food-Restaurants auf.

Sollten Programme und neue Gesetze das Blatt nicht wenden und sich das Umweltbewußtsein der Kanadier nicht ändern, so werden weiterhin immer mehr Menschen (in der GTA) mehr Müll produzieren.

Energieverbrauch

Nicht nur bei der Müllproduktion nehmen die Kanadier eine internationale Spitzenstellung ein, sondern auch beim Energieverbrauch. Keine andere Nation in der Welt verbraucht pro Kopf soviel Energie wie Kanada. Weltweit gehört die GTA zu den Regionen mit dem höchsten Energieverbrauch. Pro Person werden im Jahr rund 275 Gigajoule (das entspricht einer Menge von rund 8.000 Litern Benzin) für Transport, Heizung und Kühlung, Licht, elektrische Geräte und industrielle Prozesse verbraucht. Die GTA bezieht ihre Elektrizität aus dem Kohlekraftwerk Lakeview in Mississauga und zu einem größeren Anteil von dem Atomkraftwerk Pickering (Pickering Nuclear Station). Dieses Atomkraftwerk wird von dem größten kanadischen Energiekonzern Ontario Hydro betrieben und gehört mit seinen CANDU Reaktoren zu den sichersten weltweit. Seine Leistung von maximal 4.400 Megawatt reicht aus, um den Bedarf von rund 3,5 Millionen Menschen zu decken. Darüber hinaus erhalten die Bürger in der Greater Toronto Area auch Strom von Wasserkraftwerken außerhalb der GTA-Grenzen. Auch fossile Brennstoffe werden mittels Tanker, Tanklastzügen und Pipelines in die GTA gebracht, was verdeutlicht, daß das Bevölkerungswachstum nicht nur Auswirkungen auf den Energieverbrauch hat, sondern auch auf den Transport.

**Dezentralisation -
Bedeutungsverlust der Downtown**

Die Metropole Toronto ist nicht nur Kanadas größte Stadt, sondern hat sich auch nach einem jahrzehntelangen Konkurrenzkampf mit Montreal zur wirtschaftlich bedeutendsten Metropole entwickelt. Sie ist das kanadische Finanzzentrum. Konzentriert - und das bereits seit mehr als 100 Jahren - befinden sich die bedeutenden Finanzdienstleistungsunternehmen in der Downtown von Toronto, dem Zentralen Geschäftsbereich (CBD - Central Business District). Hier haben die bedeutendsten Banken ihren Sitz und die gigantischen Bürohochhäuser, die sogenannten „Bank Tower", demonstrieren ihre wirtschaftliche Bedeutung. Der CBD beheimatet den Tertiären Sektor und ist wichtigster Arbeitgeber der GTA. Durch die Suburbanisierung sind außerhalb

Die resultierenden Probleme

Ameisen erobern die Downtown

des Kernraumes neue Zentren entstanden, die zunehmend Funktionen des CBDs übernommen haben, was letztlich zu einem starken Bedeutungsverlust der Downtown Toronto führte. Innerhalb der Metro Toronto sind Etobicoke (Islington/Kipling), North York, Eglington, St.Clair und Scarborough die Subzentren. Außerhalb der Metro stellen Mississauga, Brampton und Oshawa Subzentren dar. Die Bildung dieser Subzentren im Zuge der Suburbanisierung waren die Folgen des schnellen Bevölkerungsanstieges, hauptsächlich durch Zuwanderung, Politische Maßnahmen zur Förderung der Besiedlung außerhalb des Kernraumes, Anstieg der Verkehrsträger, verbesserte Telekommunikation und Ausbau des Verkehrsnetzes sowie Einflüße von Stadtplanern und Finanzdienstleistungsunternehmen. Die Verlagerung der wirtschaftlichen und politischen Funktionen aus dem Kernraum heraus wird als Dezentralisierung bezeichnet und hat in Toronto erst in den 50er Jahren begonnen. Bis in die 60er Jahre vollzog sich die Dezentralisierung innerhalb der Grenzen der Metro Toronto. Aufgrund des gravierenden Bevölkerungsanstiegs und dem damit verbundenen Ausufern des Stadtgebietes bildeten sich außerhalb der Metro Toronto Zentren der Industrie und des Tertiären Sektors. Von Seiten der Regierung der Metro wurde erkannt, daß die Downtown Menschen wie ein Magnet anzieht. Sie kommen in die Downtown zur Arbeit oder zur Erledigung ihrer Geschäfte (Behördengänge, Bankbesuche, Einkauf, etc.). 1980 förderte dann die Regierung der Metro Toronto die Dezentralisierung, um die Downtown zu entlasten. Multifunktional (Büros, Geschäfte und Wohnraum), kompakt, fußgängerorientiert und dichtbesiedelt, so sollten die künftigen Subzentren aussehen.

Ein aussagekräftiger Indikator für die Verlagerung bzw. die Dekonzentration ist die Gesamtfläche der Büroräume. Obwohl bis zum gegenwärtigen Zeitpunkt in dem CBD immer mehr Büroräume entstanden sind, ist kontinuierlich der Anteil innerhalb der GTA zurückgegangen. Während 1951 noch 83% aller Büroräume (auf die Fläche bezogen) in der Downtown lagen, verzeichnete man 1986 mit 50,5% lediglich jedes zweite Büro in dem Zentralen Geschäftsbereich. Aufgrund des stetigen Anstiegs der Bevölkerung werden weiterhin Subzentren entstehen, die sich mittlerweile zu „Suburban Downtowns" mausern konnten. Sie werden weiterhin ausgebaut und gewinnen verstärkt an wirtschaftlicher Bedeutung. Aus Toronto ist eine polyzentrische Stadt geworden, mit zahlreichen in der Region verteilten Arbeitsplätzen. Ergänzend sei noch erwähnt, daß der schnelle Ausbau der Subzentren durch die verkehrstechnisch gute Anbindung gefördert wurde, und so besteht eine direkte Nähe zur Highway. Neben den Subzentren wurden auch die sogenannten „Office Parks" verstärkt eingerichtet. Hierbei handelt es sich um eine Art Gewerbegebiet (ohne Wohnfunktion) mit zahlreichen Bürohäusern. Innerhalb der Metro Toronto gibt es gegenwärtig 10 Office Parks (Airport Strip, Highway 27/Etobicoke, Keele/Wilson, Yorkdale, York Mills/Yonge, Thorncliff Park, Don Mills/Flemingdon Park, Duncan Mills, Consumers Road und Highway 404/Finch).

Wenn auch die Dezentralisierung generell Vorteile bringt, wie z.B. günstigere Bodenpreise in den Subzentren, besseres Ausnutzen der Öffentlichen Verkehrsmittel, kürzere Anfahrtszeiten zur Arbeit und bessere Parkmöglichkeiten, verminderte Belastung der Umwelt und verbesserte Arbeitsbedingungen durch Neubauten, so dürfen die gravierenden Auswirkungen auf den Kernraum nicht vergessen werden. Die zunehmende Bedeutung Scarboroughs als Versicherungszentrum ist nur eines der vielen Beispiele die verdeutlichen, daß durch die Subzentren und Office Parks die Bedeutung des CBD als wichtiger Arbeitgeber und Firmensitz zurückgeht. In der Downtown sind die Spuren allgegenwärtig: Häuser werden zum Kauf angeboten, Büroräume stehen leer und die Bodenpreise sinken. Die Zahl der leerstehenden Büroräume addiert sich zu einer Gesamtfläche von 3,3 Millionen Quadratmetern.

Auch wenn ein Firmensitz in der Downtown der Finanzmetropole mit einem hohen Image verbunden ist, wird dies zukünftig nicht mehr das ausschlaggebende Argument sein. Durch die vielen Shopping Malls, die überdimensionalen Einkaufszentren außerhalb der Downtown, ist für viele Bürger das Shopping in der Yonge und Bloor Street sowie in zahlreichen anderen Straßen der Downtown überflüssig geworden, was Auswirkungen auf den Einzelhandel hat.

Die Anziehungskraft des CBDs geht allmählich in die Subzentren über, die wiederum zahlreiche neue Bürger anziehen. Sie lassen sich möglichst nahe der Subzentren nieder und bewirken so eine flächenmäßige Ausdehnung. Ein gutes Beispiel ist hierbei die Stadt Oshawa in dem östlichen Teil der GTA (Region Durham). Die Stadt zählt rund 240.000 Einwohner (1991) und verzeichnet mit 18% den prozentual größten Zuwachs in Kanada. Dieser Zuwachs ist an den zahlreichen riesigen neuen Wohngebieten unübersehbar.

Die Dezentralisation ist in Toronto ein vieldiskutiertes Thema und ein Weg um den „Niedergang" des Zentralen Geschäftsbereiches aufzufangen, könnte eine Erhöhung der Steuern sein.

Aufwendungen für den Hausbau

Auch heute noch ist der Wunsch nach einem eigenen Haus sehr groß und so hat der Hausbau im Großraum Toronto in den letzten Jahren an Bedeutung gewonnen. Durch eine neue Bauweise, der sogenannten „Compact Urban Form", entstehen derzeitig unzählige kompakte, kleinere und eng zusammenstehende Einfamilienhäuser. Allein für 1994 wurden rund 15.000 Parzellen geschaffen. Der Hausbau vollzieht sich überwiegend in den peripheren Räumen.

Auch die Aufwendungen für den Hausbau innerhalb des CMA Toronto werden in ganz Nordamerika preislich nicht übertroffen. Auch die Grundsteuern sind wesentlich höher als in vielen anderen nordamerikanischen Metropolen. Für den Hausbau benötigt man durchschnittlich 254.400 Dollar (1991). Dieser Durchschnittspreis beinhaltet auch kompakte Einfamilienhäuser, die schon komplett ab 119.000 Dollar zu haben sind. Innerhalb Kanadas variieren die Kosten zwischen Regina von 75.500$ über Montreal (116.540$) und **Calgary** (136.000$) sowie Vancouver mit 235.000$ bis hin zum Spitzenwert für Toronto. Drastische Preisanstiege gab es bei den Wiederverkaufswerten, und so hat sich der Preis der Häuser in den letzten beiden Jahrzehnten mehr als vervierfacht.

Die durchschnittlichen kanadischen Aufwendungen liegen bei 148.700 Dollar. Generell steigen die Bodenpreise und damit der Endpreis mit der Nähe zur Downtown.

Lebenshaltungskosten

Viele Bürger Torontos beklagen sich über das teure Leben in ihrer Metropole. Generell sind die Lebenshaltungskosten in den Metropolen wesentlich höher als in den ländlichen Räumen und Kleinstädten. Wichtige Faktoren sind hierbei Aufwendungen für die Wohnung bzw. das Haus, Ausgaben für Nahrungsmittel, Bekleidung, Hausrat, Dienstleistungen und Personenbeförderung.

In der Rangfolge der Lebenshaltungskosten steht Toronto an der Spitze und stellt die „teuerste" Metropole Kanadas dar.

Darüber hinaus sind auch die Steuern sehr hoch.Innerhalb der Stadt Toronto gibt es natürlich große Unterschiede in der Verteilung der Jahreseinkommen. Abhängig vom Einkommen ist auch die jeweilige Wohnlage. Die sogenannten britischen Gebiete sind Wohngegenden der Bürger mit hohem Einkommen, zu den „armen" Gebieten gehört Regent Park, South Parkdale und Jane-Finch. In der Zone der Neuen Vororte und des Umlandes liegt das Haushaltseinkommen weit über dem Einkommen der zur Metro Toronto zählenden Stadtteile. Hervorstechende reiche Gebiete der dritten Zone der „Fringe Area" sind King, Markham, Oakville und Vaughan.

Hohe Mieten

Die unzähligen Menschen, die es Jahr für Jahr in die Metropole zieht, stehen alle vor dem gleichen Problem, dem knappen und teuren Wohnraum. Die Mieten im CMA Toronto lagen 1990 bedeutend über den durchschnittlichen Mietpreisen in anderen Metropolen. Lediglich die Mieten in Vancouver sind etwas höher. Ein nationaler Vergleich zeigt, daß die Mieten in Calgary, in Montreal, Regina und Winnipeg wesentlich günstiger sind. Zahlreich sind die großen Apartmentblocks in Downtown Toronto. Hier ist aufgrund der zentralen Lage der Mietpreis wesentlich höher als in den peripheren Gebieten.

Soziale Notstände

Auch wenn das Straßenbild Torontos sich gepflegt präsentiert, sind Armut, Obdachlosigkeit, Hunger, Gewalt in der Familie, Selbstmorde und weitere soziale Notstände in Toronto keine unbekannten Erscheinungen. Der Umfang dieser sozialen Mißstände ist durch die gegenwärtige Rezession noch verstärkt worden. Bei der steigenden Anzahl der Bevölkerung und dem Zustrom hilfebedürftiger Gruppen und Einzelpersonen steigt auch der „Wettkampf" um begrenzte Sozialleistungen wie z.B. die Unterkunft in einem Obdachlosenheim. Die Obdachlosigkeit gehört zu den schwerwiegendsten sozialen Problemen. Die Zahl nimmt weiter zu, und allein in der Metropolitan Toronto registriert man mehr als 20.000 Obdachlose. Auf der Warteliste für Sozialwohnungen standen rund 30.000 Familien, Senioren und Singles ohne bzw. mit einem sehr geringen Einkommen. Die meisten Sozialwohnungen liegen in der Metro. Hierbei beträgt der Anteil an allen Sozialwohnungen der GTA rund 76%.

Die resultierenden Probleme

Polizisten in der Downtown

Trotz der sozialen Notstände, vermehrter Kriminaldelikte, zunehmender Verwahrlosung von Wohngebieten gibt es in Toronto keine Ghettos, was im Vergleich zu den großen nordamerikanischen Metropolen bemerkenswert ist.

Kriminalität

Ein bedeutender Faktor, der für die Lebensqualität und das Gefühl der Sicherheit und Geborgenheit in einer Großstadt in starkem Maße verantwortlich ist, ist die Kriminalität. Generell assoziiert der Europäer mit einer nordamerikanischen Großstadt eine hohe Kriminalitätsrate.

Innerhalb Kanadas gehört Toronto zu den sicheren bzw. nach Kriminalraten schwachen Metropolen. Dennoch gibt es auch in Toronto Morde, Einbrüche, Diebstähle, Raube, Überfälle und andere Vergehen, die immer wieder zu Problemen führen.

Vergleicht man die Kriminalstatistik von Kanada mit der Statistik der Vereinigten Staaten, so zeigen sich krasse Unterschiede. Während in Toronto im Jahr 1990 pro 100.000 Einwohner zwei Menschen ermordet wurden, waren es in Washington 78, in Detroit 57 und in New York 31 Personen. Der nationale Vergleich zeigt wesentlich weniger Mordfälle, und so wurden 1990 in Calgary 3 Bürger (pro 100.000 Einwohner), in Montreal 4 und in Winnipeg 3 ermordet. Insgesamt verzeichnete Toronto im Jahr 1990 eine Anzahl von 55 Morden (Calgary 18, Montreal 70, Winnipeg 20). Es gibt natürlich auch gefährdete Gebiete, in denen zahlreiche „Streetgangs" ihr Unwesen treiben, z.B. an der Ecke Jane Street, Finch Street, in der Nähe der York Universität. In den Chinatowns bestehen die sogenannten „Chinese Gangs". Zu ihren Aktivitäten gehört unter anderem das Einholen von Schutzgeldern.

Im Durchschnitt lag die Anzahl der Morde in Kanada 1990 bei 2,2 (pro 100.000 Einwohnern) und bei 8,3 Mordfällen in den Vereinigten Staaten. Interpretiert man die Zahlen, so werden in den USA viermal soviel Menschen umgebracht als in dem nördlichen Nachbarland.

In Relation zur Einwohnerzahl geschehen in Toronto mehr Raubüberfälle als in anderen kanadischen Metropolen. Die Zahl der Diebstähle und Einbrüche liegt jedoch unter den registrierten Fällen anderer kanadischer Metropolen wie Montreal, Calgary und Winnipeg.

XV. Toronto wächst unaufhaltsam – Bevölkerungs- und Stadtwachstum

Historische Bevölkerungsentwicklung

1993 feierte die Satdt ihr 200jähriges Bestehen und gehört somit zu den jungen Metropolen der Welt. Das Stadtgebiet erstreckt sich gegenwärtig über fünf Regionen, die zusammen die Greater Toronto Area bilden und mehr als vier Millionen Einwohner beherbergen. Welche Bevölkerungsentwicklung das einstige kleine York (so hieß Toronto in den Anfangsjahren) bis zur modernen, progressiven und kosmopolitischen Metropole und größten und bedeutendsten Stadt Kanadas erfahren hat, wird im folgenden erläutert.

Vom ländlichen York zur Millionenstadt Toronto

Noch zu Beginn des 20.Jahrhunderts hätte kaum ein Einwohner daran gedacht, daß Toronto einmal in kurzer Zeit zur mehrfachen Millionenstadt anwachsen würde.

Als 1793 Toronto bzw. York gegründet wurde, zählte das Dorf nur wenige Einwohner. Vier Jahre später, im Jahre 1797 wurde die erste Einwohnerzahl dokumentiert, und man verzeichnete lediglich 241 Bürger. In den folgenden zwei Jahrzehnten stieg die Zahl der Einwohner nahezu kontinuierlich auf 1.677 im Jahr 1825. Eine günstige Lage am See, die Flüsse, ein vergleichsweise mildes Klima und gute landwirtschaftliche Voraussetzungen lockten weitere Siedler und ließ die Zahl der Bürger Yorks (erst 1834 in Toronto umbenannt) in den folgenden 26 Jahren auf 30.775 (1851) steigen. In den 1830er Jahren kamen Juden nach Toronto. Sie legten den Grundstein für die heutige kosmopolitische Metropole.

In der zweiten Hälfte des 19. Jahrhunderts wuchs die Bevölkerung auf eine Zahl von 208.040 für das Jahr 1901. Gründe für den weiteren Ausbau Torontos sind in der Ernennung zur Provinzhauptstadt im Jahr 1867 und dem Bau der Straßenbahn zu sehen. Die ersten Vororte entstanden und wurden zu Wohngebieten finanzkräftiger Bürger. Gegen Ende des 19.Jahrhundert kam eine weitere Gruppe nach Toronto. Es waren die Chinesen, deren Zahl kontinuierlich zunahm. Von der Jahrhundertwende bis zum Ausbruch des Ersten Weltkrieges verdoppelte sich die Anzahl der Bevölkerung.

Von 1914 bis zum Ende des Zweiten Weltkrieges (1914 bis 1945) verzeichnete man eine starke Ausdehnung der Fläche und einen hohen fast linearen Anstieg der Bevölkerung. Die starke Bevölkerungszunahme in dieser Zeit wird durch das Auto als Massenverkehrsträger unterstützt. Es bildeten sich Siedlungen entlang der Hauptverkehrsachsen. Nur wenige Jahre nach dem Zweiten Weltkrieg wurde Toronto Millionenstadt. Während man für die erste „Millionen-Hürde" ein langer Anlauf genommen werden mußte, erfolgte der Sprung über drei weitere Millionen-Hürden in stets kürzeren Abständen.

Von 1 auf 4,2 Millionen in nur fünf Jahrzehnten

Das schnelle Bevölkerungswachstum und der flächenmäßige Ausbau vollzog sich gravierend erst nach dem Krieg bis zur Gegenwart. Bereits 1941 erfuhren auch der ländliche Raum rund um Toronto, die sogenannte „Countryside", einen Ausbau. In den folgenden Jahrzehnten nahm die Urbanisierung der Countryside stetig zu, was durch eine Abnahme der ländlichen Bevölkerung, die überwiegend in der Landwirtschaft tätig war, und einen Anstieg der Wohnbevölkerung gekennzeichnet ist.

1953 wurden die angrenzenden Orte City of Etobicoke, City of Scarborough, City of York, Borough of East York, City of North York und die City of Toronto zur Metropolitan Area Toronto zusammengeschlossen. Dieser Zusammenschluß schlug sich natürlich in den amtlichen Statistiken nieder. Während 1951 noch rund 1,2 Millionen Bürger gezählt wurden, schnellte die addierte Zahl in den folgenden Jahren auf 2,086 Millionen Einwohner an. Durch den Bau der U-Bahn (1954 bis 1970), zahlreiche großen Straßen in Richtung Stadtmitte und ein gutes Bus- und S-Bahnnetz wurde der Ausbau gefördert und die Bewohner zog es in die Randgebiete Torontos und in den ländlichen Raum. Bereits 1981 hat sich das Bild der Countryside durch die Urbanisierung grundlegend geändert, und so findet man im Umkreis von 100 Kilometern der Metro Toronto keine ausgesprochene ländliche Siedlung. Darüber hinaus wurde eine Fläche von rund 8.000 km_, die über die Grenzen von CMA Toronto hinausgeht, von einem umfassenden Zug- und Bussystem versorgt, das die Bürger bis in die „Downtown" brachte.

In den folgenden Jahren schien die Entwicklung nicht mehr aufzuhalten, und so wurden 1991 rund 4,2 Millionen Einwohner in dem Großraum Toronto, der Greater Toronto Area, registriert. Ein bedeutender Faktor bei dem raschen Bevölkerungsanstieg und dem damit verbundenen Stadtwachstum ist die hohe Zahl der Zuwanderer. Ein Beispiel verdeutlicht hierbei den Einfluß: 1990 nahm die Bevölkerungszahl um rund 170.000 zu; hiervon waren 64.000 Personen Immigranten. Das enspricht einem Prozentsatz von ungefähr 37% an den gesamten Immigranten, die nach Kanada kamen.

Toronto wurde zur größten Stadt Kanadas und zum bedeutendsten Finanz- und Wirtschaftszentrum. Verbunden mit dem explosionsartigen Bevölkerungsanstieg ist eine drastische Ausdehnung des Stadtgebietes. In den letzten beiden Jahrzehnten stieß der Ausbau vielfach an die Stadtgrenzen von Metro Toronto. Mittlerweile ist das Stadtgebiet von Metropolitan Toronto, insbesondere der Downtown, „dicht", und nur wenige Freiflächen, die aus Spekulationsgründen nicht bebaut wurden, stehen noch zur Verfügung. Sie dienen in der Downtown als Parkplätze oder wurden an Autohändler vermietet. Ein Beispiel aus der jüngsten Vergangenheit zeigt auch hier einschneidende Veränderungen, und so entsteht zur Zeit auf dem sonst als Parkplatz genutzten Simcoe Place ein weiteres Hochhaus, das erneut die Silhouette verändern wird.

Trotz der gegenwärtigen Rezession, die um 1989 einsetzte, steigen die Bevölkerungszahlen weiter an, und so wurden 1992 mehr Kinder geboren als zur Zeit des „Baby Boom" in den 60er Jahren.

Ein nationaler Vergleich der sechs großen „Ballungsräume" zeigt, wie stark der Anstieg der Bevölkerung in der GTA und seinem Hinterland ist. In der Zeit von 1986 bis 1991 wurde das Bevölkerungswachstum von GTA und Hinterland, Vancouver/Victoria, Montreal, Ottawa/Hull, Edmonton/Calgary und den übrigen Siedlungsräumen ermittelt und die prozentuale Verteilung errechnet. Hierbei ergab sich für die GTA und Hinterland ein Wert von 40,2%. Die Zahlen für die weiteren Ballungsräume fielen wesentlich bescheidener aus.

Innerhalb der Provinz Ontario hat der Bevölkerungsanstieg einen Anteil von 75%.

Im Zuge des starken Bevölkerungsanstieges wurde es zu Beginn des Jahres 1994 sogar notwendig, eine neue Telefonvorwahl für die Städte außerhalb der Metropolitan Toronto, jedoch innerhalb der GTA einzurichten, da nicht mehr genügend Telefonnummern für die gestiegenen Anschlüsse zur Verfügung standen.

Einwohnerzahlen	
1800	403
1820	1.204
1840	13.092
1860	44.821
1880	86.415
1900	208.040
1920	611.443
1940	909.928
1960	1.618.787
1980	2.137.395
1991	3.427.000
1994	3.893.046
1996	4.263.757

In den folgenden Jahrzehnten wird die Bevölkerungszahl in der GTA weiter stark ansteigen. Prognosen weisen auf eine Zahl von rund 6,7 Millionen Einwohnern im Jahr 2021 hin.

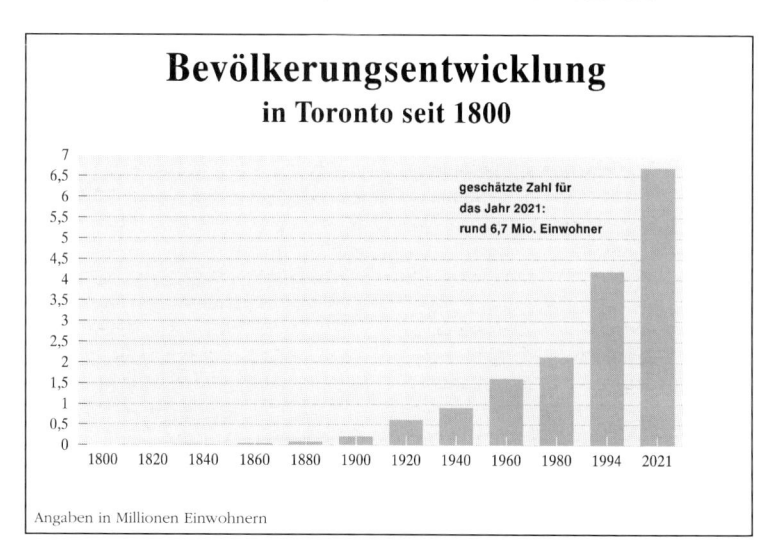

Bevölkerungsentwicklung
in Toronto seit 1800

geschätzte Zahl für das Jahr 2021: rund 6,7 Mio. Einwohner

Angaben in Millionen Einwohnern

Immer mehr Wohnsiedlungen entstehen

Ein Großteil der Urlauber hält sich in dem Stadtzentrum auf und macht Ausflüge zu den Sehenswürdigkeiten. Wer jedoch Toronto besucht, sollte es nicht versäumen, aus dem Kernraum, dem dichtbesiedelten Zentrum der Metropole, in die ländlichen Gegenden zu fahren. Diese sogenannte Countryside bieten dem Urlauber ein unbekanntes Bild. Hier vollzieht sich die Ausdehnung der Stadt, und hier lassen sich ein Großteil der geschätzten 100.000 Menschen nieder, die alljährlich in der GTA wohnhaft werden. Diese Neubausiedlungen beinhalten aneinandergereihte Einfamilienhäuser. Diese gegenwärtig sehr populäre Bauweise nennt man „Compact Urban Form".

Wenn man durch die gepflegten Straßen Torontos, nahe der Downtown geht, vorbei an den unzähligen viktorianischen Wohnhäusern, die gegen Ende des vorigen Jahrhunderts entstanden sind, gerät man beim Anblick der hübschen Wohnhäuser mit ihren liebevoll gestalteten Vorgärten und dekorativen Türen ins Schwärmen, und wird beim Gedanke an die gegenwärtig neu entstehenden Wohnsiedlungen wieder auf den Boden der Tatsachen zurückgeholt.

Die Compact Urban Form hat langweilige, monotone Wohnsiedlungen geschaffen, die sich von den erwähnten viktorianischen Siedlungen und den Nachkriegssiedlungen (standard postwar houses) in ihrer Erscheinung und im Grundriß stark abgrenzen. In Massen werden Siedlungen aus dem Boden gestampft, Häuser in kürzester Zeit errichtet und zum Kauf angeboten.

Im Vergleich zu den Vorgängermodellen, den Nachkriegshäusern, den sogenannten „Standard Postwar Houses", freistehenden, eingeschossigen Bungalows mit einem großen Vorgarten, üppigen Garagen und genügend Platz hinter dem Haus besticht das Einfamilienhaus der Compact Urban Form-Generation durch seine kompakten Maße. Dem Betrachter wird sofort klar, welches Ziel mit dem Bau dieser Häuser verfolgt wird: Reduzierung des Landverbrauchs und auf engstem Raum die Bedürfnisse der Familie wie Garten, Zimmer für die Kinder, Garage und Wohnlage im „Grünen" zu stillen. Dieses Bedürfnis ist der „Canadian Dream", der von vielen Familien geträumt wird, jedoch aus finanziellen Gründen nicht immer realisiert werden kann. Die Einfamilienhäuser sind freistehende Häuser, die jedoch einen Abstand von lediglich rund einem Meter zum benachbarten Haus haben. Sie sind zweigeschossig und haben eine oder zwei Garagen, die sich an das Gebäude anschließen. Vor der Garage bleibt lediglich noch Platz für eine Auffahrt und eine kleine Rasenfläche, die direkt an den Bürgersteig angrenzt. Zwischen dem Bürgersteig und der Straße ist als eine Art Schutzzone eine drei bis vier Meter breite Rasenfläche geschaffen worden (teilweise mit Bäumen versehen).

Die Grundstücksgröße ist überwiegend einheitlich, und es stehen zwei Parzellengrößen zur Auswahl: die sogenannten „40'Lots und 50'Lots". Hierbei haben die Parzellen bei gleicher Länge die verschiedenen Breiten von 40 Fuß (rund 12 Meter) und 50 Fuß (rund 15 Meter). Eine breitgefächerte Palette bieten die Häusergrößen, mit einer Wohnraumgröße von 150m^2 bis 300m^2. Der Größe, Ausstattung und der Wohnlage angepaßt sind die Preise, die komplett von 129.000 bis weit über 200.000 kanadische Dollar reichen. Aufgrund der Rezession und des Konkurrenzkampfes der Baufirmen sinken die Preise, oder manche Anbieter verkaufen die Häuser auf 50 Fuß Grundstücken zu den Preisen der 40 Fuß Grundstücke. Die Werbung der Immobilienhändler („Fabulous 50' Lots at 40' prices") ähnelt teilweise den Verkaufsstrategien der Fast-Food Restaurants: „By one pizza, get a second for free". Die Häuser werden überwiegend erst fertiggestellt und dann zum Verkauf angeboten. Über die verschiedenen Hausmodelle, Lage, Ausstattung, Preise und Finanzierung können sich die Interessenten in den Musterhäusern informieren. In den letzten Jahren sind immer größere Musterhaussiedlungen entstanden. In der Neighbourhood Sandringham, nördlich von Bramalea (City of Brampton - Peel Region), ist die Springdale Musterhaussiedlung entstanden, die nach eigenen Angaben die größte der Welt ist.

Der Bau der Häuser vollzieht sich sehr schnell, da nicht jedes Haus, sondern lediglich das Modell vom Architekten entworfen wird. Die gesamte Hauskonstruktion besteht aus Holz, und die meisten Teile werden in Werkstätten gefertigt. Das nun errichtete Holzhaus wird verklinkert und läßt nicht erkennen, daß unter der harten Schale ein weicher (Holz)Kern sitzt. In den Neubaugebieten kann man sehr eindrucksvoll die verschiedenen Stadien des Hausbaus erkennen. Vom parzellierten Bauland über die Holzkonstruktionen, den Klinkerarbeiten bis hin zum bezugsfertigen Haus bieten die neuen Wohngebiete einen interessanten Überblick.

Die modernen Wohnsiedlungen unterscheiden sich auch im Aufriß gravierend von den alten und gewachsenen Siedlungen. Die Straßenführung ist im Gegensatz zum alten rechtwinkeligen Muster sehr verspielt, nicht genormt, und zahlreich sind die Ringstraßen. Diese großflächigen Wohnsiedlungen, die im Kartenbild wie eine Einheit erscheinen, werden teilweise von den bedeutenden Verbindungsstraßen, die wiederum eine Nord-Süd und Ost-West-Ausrichtung haben, begrenzt. Sie werden vielfach als „Neighbourhood" bezeichnet. Diese Neighbourhood verfügt neben den unzähligen Wohnhäusern auch über Einkaufsmöglichkeiten in Form einer kleinen Mall, eine Kirche, Einrichtungen wie Bücherei, Post und Bank u.ä. Diese Einrichtungen liegen nicht zentral, das heißt nicht im Zentrum der Neighbourhood, sondern in einer Ecke an den beiden größeren begrenzenden Straßen.

Bei der Planung der Siedlungen haben die Grünflächen einen großen Stellenwert, und so verfügt die monoton gestaltete „Landschaft von Kompakthäusern" über kleine Parkanlagen und Grünstreifen. Darüber hinaus ist auch die Nähe zur Arbeitsstätte wichtig. Der größte Teil der bedeutenden Arbeitsplätze wird gegenwärtig und zukünftig außerhalb der Metro, in den vier Regionen geschaffen. Dementsprechend haben einige Siedlungen eine benachbarte Lage, und die Arbeitsplätze können gut und schnell erreicht werden, was sich positiv auf den Pendlerverkehr von den Regionen in die Metro, insbesondere in die Downtown, auswirkt. Ein gutes Beispiel ist die Nähe der neugeschaffenen Siedlungen rund um Bramalea (City of

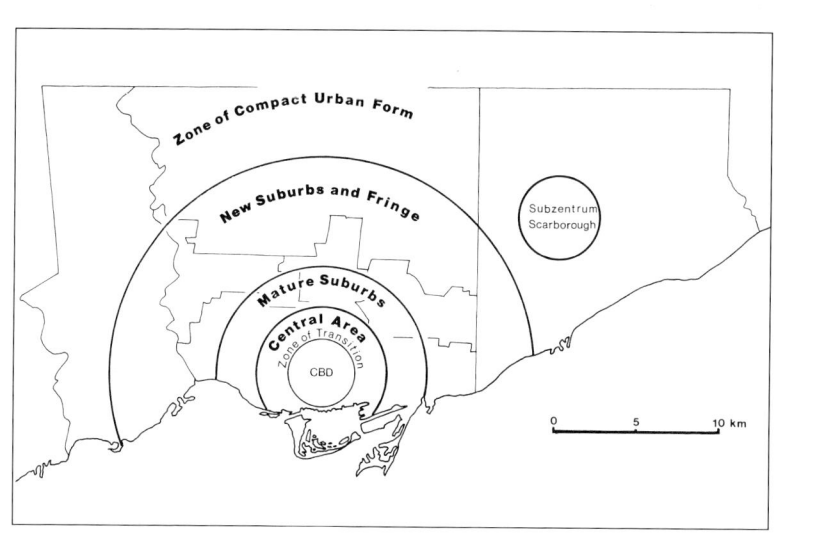

Brampton - Peel Region) zu den Produktionsstätten des Automobilherstellers Chrysler.

Die Neighbourhoods - Geborgenheit statt Anonymität

Viele Familien erfüllen sich ihren langgehegten Wunsch, ein Haus in einer neuentstandenen Neighbourhood. Das Haus und der kleine Garten werden gepflegt, soziale Kontakte zu den unmittelbaren Nachbarn entstehen, und dementsprechend freundlich, wenn auch sehr monoton, präsentiert sich das Erscheinungsbild der Wohnsiedlung. Ein anderes, mitunter sehr gegensätzliches Bild vermitteln die Apartmenthochsiedlungen. Nach einigen Jahren sind die Spuren von Verwahrlosung und Vandalismus unübersehbar. Verschmierte Aufzüge sind hierbei nur die Spitze des Eisbergs. Den Bewohnern der Apartmenthäuser fehlt vielfach der nötige Bezug zu ihrer Umgebung. Sie identifizieren sich nicht mit ihrer anonymen „Wohnlandschaft", was immer häufiger durch Vandalismus ausgedrückt wird. Ein gutes Beispiel stellt hierbei die Wohnhaussiedlung Flemingdon Park (City of North York) im Süden von Don Mills dar. Sie liegt direkt gegenüber von dem Ontario Science Center, einem der meistbesuchten Museen Torontos. Während die vom Ontario Science Center sichtbaren Gebäude ein gepflegtes Bild vermitteln, bietet sich dahinter ein kontroverses Bild. Die Fassaden der Häuser sind ungepflegt, Wohnungen stehen leer, kaputte Scheiben sind notdürftig mit Spanplatten repariert, obszöne Sprüche zieren die Häuserwände, in den Straßen stehen abgewrackte Autos, vor den Häusern sammelt sich der Müll, und auf den Kinderspielplätzen sind zahlreiche Spielgeräte zerstört. Flemingdon Park ist kein Einzelfall, und auf ähnliche Zustände stößt man in vielen weiteren Hochhaussiedlungen. Ein Schicksal, das die gegenwärtig so luxuriös und kostspielig eingerichteten Condominiums einmal ereilen könnte. Dieser Verfall, der nicht nur die Wohnqualität, sondern letztlich auch die Lebensqualität bestimmt, trifft im besonderen Maße die älteren Bewohner. Sie haben oft aus Altersgründen ihr Haus aufgegeben und in der Nähe ein Apartment bezogen. Für sie wird das Apartment die letzte eigene Wohnung sein, und so stellt der Verfall eine zusätzliche Belastung dar. Jüngere Menschen haben im Gegensatz zu den älteren Menschen die Möglichkeit und letztendlich auch die nötige Energie umzuziehen. Vielfach ist das Apartment auch nur eine kurzzeitige Übergangslösung, und die Wohnhäuser sind daher hochfrequentiert, was wiederum die Anonymität verstärkt. In St.James Town wurden in den ersten Jahren nach der Fertigstellung neben einem starken Rückgang der Bewohner auch ein fast unglaubliches „Kommen und Gehen" verzeichnet. Etwas mehr als 70 Prozent der Bewohner leben in den Apartments nicht länger als zwei Jahre, was Vernachlässigungen und Anonymität begünstigt.

Auch wenn die Hochhaussiedlungen im Vergleich zu den Neubausiedlungen wesentlich weniger Fläche beanspruchen, so zeigen die erwähnten Beispiele, daß die Lebensqualität weitaus geringer ist, was man bei der aktuellen Diskussion um den fortschreitenden Landverbrauch nicht vergessen sollte.

Ein bedeutendes Entscheidungskriterium bei der Wahl des neuen Eigenheimes oder der Mietwohnung ist die finanzielle Grundlage. Am Einkommen scheitert vielfach der Canadian Dream, der Traum vom Eigenheim. Für viele Familien ist daher der Zugang zum familienfreundlichen Haus nicht möglich. Das Ziel der gegenwärtigen Baupolitik ist es jedoch, „erschwingliche und geeignete Häuser für eine breite Masse der Haushalte zu schaffen". In der Praxis sieht dies jedoch ganz anders aus, und Häuser werden von Personen/Familien mit einem hohen Einkommen gekauft. Mietwohnungen werden in der Regel von Familien oder Einzelpersonen mit niedrigem und mittlerem Einkommen bezogen.

Wie sieht die Zukunft aus - Prognosen und Aussichten

Wieviele Menschen werden noch kommen? Wieviel Agrarland muß weiterhin geopfert werden? Wer kann das Stadtwachstum aufhalten? Werden noch Arbeitsplätze eingerichtet? Halten weiterhin große monotone Wohnsiedlungen ihren Einzug in Toronto? Werden unsere Highways weiterhin zu den Stoßzeiten verstopft sein? ... Dies sind nur wenige Fragen, die sich Bürger der Metropole stellen, wenn sie über die Zukunft ihrer Stadt nachdenken. Probleme gibt es genug, und die beruhigenden Antworten sind rar oder unzufriedenstellend. Damit jedoch von Seiten der Stadt Lösungen geschaffen werden können, benötigt man Prognosen. In solchen Fällen werden die Beratungsinstitute, die sogenannten „Consulting Groups", konsultiert und z.B. mit der Erstellung von demographischen Prognosen beauftragt:

Die renommierten Beratungsinstituten Hemson Consulting Ltd. und The Coopers & Lybrand Consulting Group haben im August 1993 umfangreiche Prognosen für die Zukunft der Greater Toronto Area in den Bereichen Bevölkerungsentwicklung, Migration, Arbeitsplätze und Bevölkerungsverteilung (u.a. Wohnform, Anzahl der Haushalte und Haushaltsgröße) erstellt. Innerhalb des Prognosezeitraumes von 1991-2021 (30 Jahre - Planungsperiode für die GTA) erwarten die Institute einen Anstieg um rund 2,5 Millionen Einwohner auf eine Bevölkerungszahl von ungefähr 6,7 Mio. Bürger in der GTA - jährlich rund 100.000 neue „Torontonians". Entscheidend bei der Bevölkerungsentwicklung ist die Migration, und so werden rund 50.000 - die Hälfte aller neuen Bürger - in die GTA einwandern, was längerfristig der Metropole ihre multikulturelle Erscheinung garantiert. Das Bevölkerungswachstum ist von Region zu Region unterschiedlich und in der Metro aufgrund der fehlenden Flächen mit 130.000 neuen Einwohnern am geringsten. Eine starke Zunahme verzeichnen York (790.000), Peel (590.000) und Durham (560.000). Der Ausbau des Stadtgebietes wird auch durch die Wohnform, die Anzahl der Haushalte und die Haushaltsgröße bestimmt. Generell wird die Anzahl der Singlehaushalte zunehmen und die durchschnittliche Haushaltsgröße abnehmen, was zu einem erhöhten Wohnbedarf führt. Man erwartet im Jahr 2021 eine Haushaltsgröße von durchschnittlich 2 1/2 Personen pro Haushalt und eine Gesamtzahl der Haushalte von 2,6 Millionen. In der Metro bleibt das Apartment wichtigste Wohnform, und in den vier Regionen (Halton, Peel, York und Durham) wird die Anzahl der Apartment aufgrund zunehmender Suburbanisierung stark steigen. Hier spielt jedoch weiterhin das Einzel- und Doppelhaus (compact urban form) eine wichtige Rolle. Der Anteil der „Compact Urban Form" an allen Wohnformen wird im Jahr 2021 je nach Region zwischen 60 und 75% liegen. Vergleichsweise unbedeutend sind die Reihenhäuser.

Der Bevölkerungsentwicklung angepaßt, zeigt der Arbeitsmarkt eine ähnliche Entwicklung, und so erhöht sich die Zahl der Arbeitsplätze um rund 1,5 Millionen, so daß man im Jahr 2021 rund 3,76 Mio. Beschäftigte verzeichnen wird. Hierbei wird weiterhin die Dezentralisierung eine wichtige Rolle spielen, und so wird der größte Teil der neugeschaffenen Arbeitsplätze in den vier Regionen außerhalb der Metro liegen. Hierbei erfahren die Regionen einen Wandel von der einstigen „Schlafzimmer-Region" zur wichtigen Arbeitsstätte. Durch die Dezentralisierung werden weiterhin Subzentren und Office Parks errichtet bzw. die bestehenden Zentren außerhalb des Kernraumes, des Zentralen Geschäftsbereiches (CBD) einen Ausbau erfahren. Die Verlagerung der wirtschaftlichen und politischen Funktionen von der Downtown Toronto wird zu einem verstärkten Niedergang und Bedeutungsverlust führen, der bereits eingesetzt hat.

XVI. Das Toronto ABC - praktische Reisehinweise von A bis Z

Aberglaube - Ärzte & Medizin - Alkohol - Angeln und Jagen - Antiquitäten & Flohmärkte - Aussicht - Autofahren - Behinderung - Benzinpreise - Botschaften und Konsulate - Bücherei - Casinos - Einreise - Einwanderung - Entfernungen - Fahrradfahren - Fast-Food - Flughafentransfer - Flugverbindungen - Golf - Information - Karten und Bücher - Kino - Konzerte - Kreditkarten - Malls - Maße und Gewichte - Mietwagen - Mücken - Musicals - Notfall - Öffnungszeiten - Post - Rafting - Reiseanbieter -Restaurants - Rundflüge - Steuern - Stromspannung - Tax-Free - Taxi - Theater - Tickets - U-Bahn (Subway) - Währung - Wettervorhersage - Wohnmobile - Zeit - Zeitungen - Zoll

Aberglaube

Daß die Kanadier und die Amerikaner abergläubisch sind, ist hinlänglich bekannt. Ein gutes Beispiel für diesen Aberglauben ist jeder Aufzug eines Hochhauses, das mindestens über 13 Stockwerke verfügt. Der kanadische „Superstition" läßt es nicht zu, den 13.Stock auch mit 13.Stock zu benennen. Ein einfacher Kunstgriff macht aus ihm den 14.Stock, und so fehlt auf der Knopfleiste im Aufzug der Knopf mit der 13 gänzlich.

Ärzte & Medizin

Die Kosten für Arztbesuche und Krankenhausaufenthalte werden von den Krankenversicherungen nicht übernommen. Besucher haben keinen kostenlosen Anspruch auf die staatliche Krankenversicherung OHIP (Ontario Hospital Insurance Plan). Es ist daher ratsam, vor dem Kanadabesuch (und USA) eine zusätzliche Auslandsreisekrankenversicherung abzuschließen. Die Kosten müssen zwar in Kanada bar bezahlt werden, werden aber durch die Versicherung später erstattet. Der Standard des kanadischen Gesundheitswesens ist mit dem deutschen vergleichbar. Jedoch ist aufgrund der zahlreichen Spezialkliniken das fachliche Angebot sehr gut. Im Stadtzentrum von Toronto liegt ein bedeutendes Krankenhauszentrum südlich von Queen's Park, entlang der University Avenue. Generelle Auskünfte erhält man bei dem „Ontario Medical Association Physician Inquiry Service", Tel. 416-5992580. Darüber hinaus informiert auch der „Community Information Centre of Metro Toronto" über soziale und medizinische Dienste unter Tel. 416-3920505 (rund um die Uhr). Zahnmedizinische Informationen erteilt die „Academy of Dentistry" Tel. 416-9675649.

Ein zahnärztlicher Notdienst ist an der Yonge Street 1650 (nahe St.Clair) eingerichtet, Tel. 416-4857121.

Die folgenden wichtigen Krankenhäuser verfügen über eine Notaufnahme:

- Doctors Hospital,
  45 Brunswick Avenue,
  Tel. 416-9235411
- Mount Sinai Hospital,
  600 University Street,
  Tel. 416-5964200

- Hospital for Sick Children,
  555 University Street,
  Tel. 416-5971500
- Toronto General Hospital,
  200 Elizabeth Street,
  Tel. 416-5953111
- Wellesley Hospital,
  160 Wellesley Street East,
  Tel. 416-9666600
- Women's College Hospital,
  76 Grenville Street,
  Tel. 416-9667111
- Toronto Western Hospital,
  399 Bathurst Street,
  Tel. 416-3682581
- Sunnybrook Medical Centre,
  2075 Bayview,
  Tel. 416-4863000
- Etobicoke General Hospital,
  101 Humber College,
  Tel. 416-7473400

Im Notfall sollte man telefonisch in Metro Toronto die „911" wählen oder die „0" und den Operator mit den Worten „This is an emergency" verständigen.

Alkohol

Alkoholhaltige Getränke kann man in Kanada nicht in jedem Lebensmittelgeschäft kaufen. Bier erhält man ausschließlich im „Beer Store" und Wein und sonstige Spirituosen im „Liquor Store". Lediglich alkoholfreie Getränke werden in den Supermärkten verkauft.

In nahezu allen Restaurants und Bars wird jedoch Alkohol ausgeschenkt. Alkoholhaltige Getränke sind sehr teuer. Allein Bier ist fast doppelt so teuer wie in Deutschland. Offiziell ist es nicht erlaubt, Alkohol außerhalb der Wohnung wie z.B. in Parkanlagen usw. zu trinken. Die Promillegrenze liegt bei 0,08%.

Angeln und Jagen

Da einige Gewässer rund um Toronto stark belastet sind, sollte man lediglich in den ländlichen Regionen die Angel auswerfen. Der Besucher benötigt zum Angeln oder zum Jagen eine Erlaubnis. Diese Erlaubnis in Form eines Angel- bzw. Jagdscheines erhält man in den Bezirksämtern des „Ministry of Natural Resources", in Ausrüstungsgeschäften des Angel- und Jagdsports und in einigen Sportgeschäften. Informationen über Bestimmungen, Saison und Gebühren erhält man vom:

- Ministry of Natural Resources,
  Public Information Centre,
  Macdonald Block, Room M 1-73,
  900 Bay Street, Toronto, Ontario,
  M7A 2C1, Tel. 416-3142000

Antiquitäten- und Flohmärkte

Der größte kanadische Antiquitätenmarkt, der Harbourfront Antique Market liegt an der Harbourfront, einen Block südlich von SkyDome. An sechs Tagen (Montag geschlossen) in der Woche kann man hier bummeln und stöbern. Zu den permanenten 100 Geschäften kommen am Sonntag noch rund 100 zusätzliche Anbieter. Der Eintritt ist kostenlos und ein Besuch lohnenswert. Darüber hinaus bieten sich Merchant's Flea Market mit zwei Flohmärkten an, die jeweils am Wochenende stattfinden. Sie findet man jeweils in Scarborough in der Eglington Avenue East Nummer 1921 und Lawrence Avenue East Nummer 2050. Ein weiterer Floh- und Farmermarkt ist St.Jacobs Farmers' Market &

XVI. Das Toronto ABC - praktische Reisehinweise von A bis Z

Arbeit mit Panoramablick

Flea Market in St.Jacob. Rund 350 Verkaufsstände bieten neben Trödel auch landwirtschaftliche Produkte an.

Aussicht (auf die Downtown)

Interessantestes Aussichtsobjekt Torontos ist der Central Business District mit seinen gigantischen Bürohochhäusern. Aussichtspunkte, von denen man die Ansammlung der Wolkenkratzer gut überblicken kann, sind leider rar. Zu den wenigen guten Standorten gehören in erster Linie der CN-Tower, Casa Loma im Norden der Downtown und Toronto Island. Bester und kostengünstigster Beobachtungspunkt, der sich hervorragend zum Fotografieren eignet, ist Toronto Island oder an der Waterfront, der Harbourfront Centre.

Autofahren

Das Autofahren in Toronto gleicht manchmal einem kleinen Abenteuer. Wenn man sich mit dem Auto in die Innenstadt traut, muß man viel Geduld und Nerven haben. Während der „Rush Hour" morgens 7-10 und nachmittags 15-19 Uhr ist Toronto dicht und es geht nur schleppend voran. In den übrigen Zeiten ist es zwar möglich, zügig durch Downtown Toronto zu fahren, allerdings muß man auf zahlreiche Einbahnstraßen, kreuzende Fußgänger, Busspuren und vieles mehr achten. Da das Angebot an Parkplätzen in der Innenstadt sehr knapp ist und extrem hohe Gebühren verlangt werden, ist es empfehlenswert, öffentliche Verkehrsmittel zu benutzen.

Im Verkehr muß beachtet werden, daß man trotz roter Ampel (mit Ausnahme: „No Turn on Red") nach rechts abbiegen kann.

Auf den Highways dürfen max. 100 Stundenkilometer, in Wohngebieten zwischen 40 und 60 km/h und auf Landstraßen 80 km/h gefahren werden. Obwohl auf den Highways mehrere Fahrbahnen zur Verfügung stehen und bei einem geringen Verkehrsaufkommen ein schnelleres Fahren möglich wäre, sollte man die angegebenen Höchstwerte nicht überschreiten. Die Polizeikontrollen der OPP (Ontario Provincial Police) sind häufig, und Vergehen werden mit hohen Geldstrafen geahndet.

Eine besonders gute Einrichtung ist die sogenannte Diamond Lane, die auf der Straße durch eine Raute (bzw. Diamant) gekennzeichnet ist. Hier dürfen in der „Rush Hour" neben Radfahrern, Taxis und Bussen nur Pkws mit mindestens drei Personen fahren. Eine gute

Gelegenheit, in der Stoßzeit zügiger voranzukommen und die Umwelt zu entlasten.
Es besteht Anschnallpflicht.
Die Promillegrenze liegt bei 0,08 %.

Sieht man die roten Lichter der gelben Schulbusse blinken, so müssen die Pkws aus beiden Richtungen anhalten.

Behinderung

Mit einer Behinderung oder mit dem Rollstuhl in Toronto zurechtzukommen, ist generell nicht schwierig. Zahlreich sind die Einrichtungen für Behinderte wie öffentliche Toiletten, Rampen und Aufzüge. Besonders gut ausgestattet und gut zugänglich sind Museen. Die „Junior League of Toronto" hat speziell für Behinderte den kleinen Reiseführer „Toronto With Ease" ausgearbeitet, der alle wichtigen Informationen über Unterkunft, Sehenswürdigkeiten, Restaurants, Einkauf und Öffentliche Verkehrsmittel enthält.

Der kleine englischsprachige Reiseführer kann bei der folgenden Adresse bestellt werden:

- The Junior League of Toronto,
  The Toronto with Ease Committee,
  593 Mt.Pleasant Road Toronto,
  Ontario M4S 2M5

Benzinpreise

Wie in den Vereinigten Staaten, so sind auch in Kanada die Benzinpreise wesentlich niedriger als in Europa, und so bezahlt man für einen Liter rund 50 kanadische Cent. Die Benzinpreise schwanken von Provinz zu Provinz beträchtlich. Hat man vor, in die USA zu fahren, so sollte man dort tanken. In den Staaten bezahlt man für eine Gallone (etwa 3,8 Liter) umgerechnet bedeutend weniger als in Kanada.

Beim Tanken ist auch zu beachten, daß man einen zusätzlichen Hebel an der Tanksäule umlegen muß. Die Bezeichnungen für die verschiedenen Sorten des Treibstoffes sind unterschiedlich, und so entspricht dem Normal bleifrei das „Regular Unleaded".

Botschaften und Konsulate

Bei Problemen und Schwierigkeiten sollte man sich an die Botschaften und die Konsulate wenden, die gerne weiterhelfen.

Vertretung der BRD:
Botschaft der Bundesrepublik Deutschland,
1 Waverley Street, P.O.Box 379,
Ottawa, Ontario, K1N 8V4,
Tel. 613-2321101

In Toronto befindet sich das Generalkonsulat:
Consulate General of the Federal Republic of Germany,
77 Admiral Road, Toronto,
Ontario M5R 2L4

Kanadische Botschaft in der BRD:
Kanadische Botschaft,
Friedrich-Wilhelm Straße 18,
Postfach 53044 BONN,
Tel. 0228/9680, Fax 0228/968-3903

Botschaft der Schweiz:
Botschaft der Schweiz,
5 Marlborough Avenue,
Ottawa, Ontario, K1N 6M7,
Tel. 613-2351837

Generalkonsulat in Toronto:
Generalkonsulat der Schweiz,
100 University Avenue,
Toronto, Ontario, M5J 1V6,
Tel. 416-5935371

Botschaft von Österreich:
Botschaft der Republik Österreich,
445 Wilbrod Street,
Ottawa, Ontario, K1N 6M7,
Tel. 613-5631444

Honorargeneralkonsulat in Toronto:
390 Bay Street,
Suite 2018, Toronto, Ontario,
Tel. 416-8630649

Büchereien

Der Toronto-Besucher wird von den umfangreichen und ansprechend gestalteten Büchereien begeistert sein. Die bedeutendste und umfangreichste Bücherei ist die „Metropolitan Toronto Reference Library", im Norden der Downtown.

Adresse:
789 Yonge Street, Toronto, Ontario, M4W 2G8, Tel. 416-393-7131

Eine weitere informative Bücherei ist die Metro Urban Affairs Library. Sie befindet sich in der neuen Metro Hall und beinhaltet überwiegend Literatur sowie Karten mit stadtgeographischen Themen. Die Bücher können allerdings nicht ausgeliehen werden.

Die Adresse ist:
Metro Hall, 55 John Street, Toronto, Ontario, M5V 3C6, Tel. 416-3977240

In den Büchereien stehen Kopierer zur Verfügung.

Casinos

Wer auch in Kanada sein Spielerglück auf die Probe stellen will, kann dies jedoch nicht in Toronto tun. Er hat jedoch die Möglichkeit das Casino Niagara in Niagara Falls (Maple Leaf Village) aufzusuchen. In diesem gigantischen Casino stehen mehr als 120 Spieltische zur Verfügung (24 Stunden geöffnet). Ein weiteres Casino ist das Casino Rama. Es befindet sich in Rama, in der Nähe der Stadt Orilia, rund 90 Minuten nördlich von Toronto. Infos unter 1-888-817.

Einreise

Urlauber, die nicht länger als drei Monate in Kanada bleiben wollen, benötigen lediglich einen Reisepaß. Bei einem längeren Aufenthalt benötigt man ein Visum. Ein Visum erhält man von der Kanadischen Botschaft, Einwanderungs- und Visaabteilung, Godesberger Allee 119, 53175 Bonn, Tel. 0228/968-4006, Fax 0228/9683458.

Einwanderung

Rund 200.000 Einwanderer zieht es jährlich nach Kanada, und nahezu jeder dritte bleibt in Toronto. Die größte Gruppe stellen Einwanderer dar, die im Rahmen der Familienzusammenführung nach Kanada kommen. Im Einwanderungsgesetz (Immigration Act of Canada) hat die Familienzusammenführung einen hohen Stellenwert. Ebenfalls sehr groß ist die Gruppe der Flüchtlinge aus aller Welt, die aus Krisengebieten fliehen. Eine dritte Gruppe wurde erst 1984 definiert und spielt eine wichtige Rolle bei der Einwanderung in die Finanz- und Wirtschaftsmetropole. Es sind die Unternehmer und Investoren, die sogenannten „Business Immigrants".

Das Bundeseinwanderungsgesetz regelt wer nach Kanada einreisen darf. Der Antrag wird außerhalb des Landes in der entsprechenden kanadischen Botschaft gestellt. Mit dem Antrag müssen ein polizeiliches Führungszeugnis und ein ärztliches Attest vorgelegt werden. Darüber hinaus findet ein persönliches Gespräch statt. Bei diesem Gespräch werden die Angaben einem Punktesystem zugeordnet. Maximal können 103 Punkte erreicht werden. Wer mehr als 70 Punkte

XVI. Das Toronto ABC - praktische Reisehinweise von A bis Z

Fahrrad-Kunst in der Queens Street

erreicht kann einwandern. Inhalte des Punktekataloges sind Schulbildung, beruflicher Bedarf, berufliche Qualifikation, Erfahrungen im Ausland, Lebensalter, Sprachkenntnisse in Englisch und Französisch, persönliche Eignung und demographischen Faktoren.

Bevorzugt dürfen Unternehmer einreisen. Sie erhalten 45 Bonuspunkte. Die Regierung erhofft sich dadurch, daß durch Kapital und technischen Know-how neue Arbeitsplätze in Toronto geschaffen werden können. Der Aufenthalt des Unternehmers ist zunächst auf zwei Jahre begrenzt, hat er dann mindestens einen Arbeitsplatz geschaffen oder einen bedeutenden Beitrag zu kanadischen Wirtschaft geleistet, kann er ohne Einschränkungen weiter in Kanada leben.

Weitere Detaills erhält man von der Kanadischen Botschaft, Einwanderungs- und Visaabteilung, Godesberger Allee 119, 53175 Bonn, Tel. 0228/968-4006, Fax 0228/9683458

Entfernungen

Die Entfernungen zu anderen Städten des Landes sind teilweise gigantisch und hierbei muss man auf das Flugzeug zurückgreifen, möchte man eine Metropole in West-Kanada besuchen.

- Calgary, Alberta 3.399 km
- Charlottetown, Prince Edward Island 1.708 km
- Edmonton, Alberta 3.403
- Fredericton, New Brunswick 1.333 km
- Halifax, Nova Scotia 1.827 km
- Montreal, Quebec 551 km
- Ottawa, Ontario 460 km
- Prince Rupert, British Columbia 4.804 km
- Quebec, Quebec 825 km
- Regina, Saskatchewan 2.656 km
- Saint John, New Brunswick 1.343 km
- Saskatoon, Saskatchewan 2.867 km
- Sault-Ste.Marie, Ontario 670 km
- Sydney, Nova Scotia 2.065 km
- Thunder Bay, Ontario 1.378 km
- Vancouver, British Columbia 4.457 km
- Whitehorse, Yukon Territories 5.442 km
- Windsor, Ontario 355 km
- Winnipeg, Manitoba 2.083

Fahrradfahren

Grundsätzlich ist das Radfahren in und um Toronto möglich, und es hilft, den starken Verkehr zu entlasten. Leider ist es in der Innenstadt insbesondere für unkundige Urlauber ein Wagnis. Daher sieht man lediglich die wagemutigen Kuriere, die mit Funkgerät, Rucksack und Mountain-Bike ausgerüstet durch die Innenstadt fahren.

Radwege sind selten und wurden lediglich zur Freizeitgestaltung angelegt. Ein langer und schöner Radwanderweg führt entlang dem Humber River, der Harbourfront und dem Don River. Diese „Bicycle Trails" führen überwiegend durch Grünanlagen entlang den Flüssen Etobicoke Creek, Mimico Creek, West Humber River, Humber River, Black Creek, West Don River, Don River und Highland Creek.

Fast-Food

Unzählig sind die kleinen und großen Fast-Food Restaurants, in denen man für relativ wenig Geld rasch etwas essen kann. Zu den häufig vertretenen Schnell-Restaurants gehören Kentucky Fried Chicken (rund 800 Filialen im Großraum Toronto), McDonald (rund

600 Geschäfte), Tim Donut, Mr.Submarin, mmmuffins und andere. Wer hier etwas essen möchte, sollte auf besondere Angebote achten, und so sind Slogans wie „By one pizza, get a second for free" sehr häufig. Man erhält je nach Fast-Food Restaurant beim Kauf einer Pizza, eines Burgers oder eines Muffins einen weiteren Artikel umsonst. Häufig erhält man auch beim Kauf von zwei Muffins, den leckeren kleinen Trockenkuchen, eine kostenlose Tasse Kaffee. Scheinbar unendlich sind die besonderen Angebote, und darüber hinaus vergeben die Fast-Food Ketten Coupons, die man sammeln sollte, um sie dann bei nächster Gelegenheit wieder gegen „Leckerbissen" einzutauschen.

Kritisch sollte bei nahezu allen Schnell-Restaurants die „Umweltverträglichkeit" betrachtet werden, denn in der Regel hinterläßt man einen wahren Müllberg von unsinnigen und überflüssigen Verpackungen.

Siehe auch unten dem Stichwort „Restaurants".

Feiertage

Die kanadischen Feiertage können nicht mit genauem Datum angegeben werden, da sie beweglich sind. Vielfach werden Feiertage an dem folgenden Montag gefeiert. Durch den freien Montag haben viele Kanadier ein verlängertes Wochenende, das gerade im Sommer zu Ausflügen genutzt wird. Dementsprechend ist der Andrang in Freizeitparks, Restaurants und Sehenswürdigkeiten sehr groß.

Feiertage: Neujahrstag (New Year's Day) am 1.Januar; Karfreitag (Good Friday); St.Patrick's Day am Montag nach dem (oder am) 17.März; Ostermontag (Easter Monday); St.George's Day am Montag nach dem (oder am) 23.April; Victoria Day (Queen Victorias Geburtstag am 24.Mai 1819) am Montag nach dem (oder am) 24.Mai; Discovery Day am Montag nach dem (oder am) 24.Juni; Nationalfeiertag (Canada Day) am 1.Juli; Memorial Day nach dem (oder am) 1.Juli; Orangeman's Day nach dem (oder am) 12.Juli; Tag der Arbeit (Labour Day) am ersten Montag im September; Thanksgiving Day am zweiten Montag im Oktober; Remembrance Day (Kriegsopfer Gedenktag) am 11.November; Erster Weihnachtstag (Chrismas Day) am 25.Dezember; Zweiter Weihnachtstag (Boxing Day) am 26.Dezember.

Flughafentransfer

Wer zum Flughafen gebracht werden möchte, sollte sich über die Taxipreise informieren und im Vorfeld einen festen Preis vereinbaren. Mit mehreren Personen kann dieser Preis dann sehr günstig sein. Eine weitere Möglichkeit ist der Airport-Bus mit dem Namen Airport Express (Tel. 905-564-3232). Er fährt zu festen Zeiten und hat 35 Haltestellen im Stadtzentrum.

Flugverbindungen

Wer nach Toronto fliegen möchte wird keine Probleme haben, denn die Flugverbindungen nach Toronto, mit dem bedeutendsten kanadischen Flughafen Lester B. Pearson International, sind zahlreich. Die Unterschiede im Service, in der Flugdauer und im Preis sind jedoch gravierend, daher ist ein Preisvergleich ratsam. Für die Hauptsaison sollte man möglichst früh buchen, da die Flüge nach Toronto frühzeitig ausgebucht sind. Torontoflüge werden auch von Urlaubern, die u.a. nach Vancouver, Calgary und Winnipeg fliegen, genutzt.

Über die zahlreichen Fluggesellschaften informieren die Reisebüros.

Kanadische Fluggesellschaften, die überwiegend von Düsseldorf, München und Frankfurt fliegen, sind:

- Air Canada,
  Lyoner Stern, Hahnstraße 70,
  60528 Frankfurt/Main,
  Tel. 069/27115111,
  Fax 069/27115112

- Canadian Airlines International,
  Eifelstraße 14a,
  60529 Frankfurt/Main,
  Tel. 069/66583089,
  Fax 069/66583098

Golf

In und um Toronto gibt es acht große Golfplätze, die überwiegend über 18 Löcher verfügen. Die Plätze sind größtenteils der Öffentlichkeit zugänglich. Über Platzzeiten und Tarife sollte man sich jedoch bei den folgenden Adressen erkundigen:

- Blue Springs Golf Club,
  170 York Street,
  Acton, Ontario, L7J 1M4,
  Tel. 519-8530904, Fax 519-8531404

- Castlemore Country Club,
  RR 4, Brampton, Ontario, L6T 3S1,
  Tel. 905-7940201, Fax 905-7941258

- Glen Abbey Golf Club,
  1333 Dorval Drive,
  Oakville, Ontario, L6J 4Z3,
  Tel. 905-8441800, Fax 905-8442035

- Lionhead Golf & Country Club,
  8525 Mississauga Road,
  Brampton, Ontario, L6V 3V2,
  Tel. 905-4558400, Fax 9054555815

- Royal Woodbine Golf Course,
  57 Galaxy Boulevard, Unit 9,
  Etobicoke, Ontario, M9W 5P1,
  Tel. 416-674-7773, Fax 416-6744546

- Spring Lake Golf & Country Club,
  P.O.Box 1210, Stouffville,
  Ontario, L4A 8A2,
  Tel. 905-6402266, Fax 905-6406235

- Thunderbird Golf Club,
  995 Myrtle Road West,
  Ashburn, Ontario, L0B 1A0,
  Tel. 905-6861121, Fax 905-6553205

Information

Über Sehenswürdigkeiten, kulturelle Veranstaltungen, Unterkünfte und vieles mehr in und um Toronto informiert die Stadtinformation „Metropolitan Toronto Convention & Visitors Association (MTCVA)". MTCVA ist ganzjährig geöffnet und befindet sich in dem modernen Queen's Quay Terminal an der Harbourfront. Die Adresse lautet:

- Metropolitan Toronto Convention & Visitors Association (MTCVA),
  Queen's Quay Terminal at Harbourfront Centre,
  207 Queens Quay West, Ste. 590,
  Toronto, Ontario, M5J 1A7,
  Tel. 1-800-363-1990

Eine weitere Touristeninformation, die über Ontario informiert, befindet sich im Stadtzentrum, in der großen Shopping Mall, dem Eaton Centre.

In Deutschland steht der folgende Ansprechpartner zur Verfügung:

- Canadian Touristik Commision,
  c/o Lange Touristik-Dienst,
  Postfach 200247, 63469 Maintal,
  Tel. 06181/45178,
  Fax 06181/497558

XVI. Das Toronto ABC - praktische Reisehinweise von A bis Z

- Ontario Tourism,
  c/o Mangun Management GmbH,
  Herzogspitalstraße 5,
  80331 München,
  Tel. 089/23662138,
  Fax 089/2604009

Karten und Bücher

Für Toronto empfiehlt sich eine Stadtkarte mit einem großen Maßstab, die auch Sehenswürdigkeiten beinhaltet. In Toronto erhält man in den Buchgeschäften zahlreiche Karten für den Großraum Toronto und Ontario.

In Oshawa, östlich von Toronto hat der Landkartenhersteller „MapArt" seinen Sitz mit einem umfangreichen Geschäft:

- MapArt Corporation,
  72 Bloor Street East,
  Oshawa Ontario L1H 3M2,
  Tel. 905-4362525, Fax 905-7236677.

In Deutschland gibt es für Bücher und Landkarten u.a. folgende Ansprechpartner:

- Nordis Versand GmbH,
  Postfach 100343,
  D- 40767 Monheim,
  Tel. 02173/953712, Fax 02173-54278
- America Bookshop,
  Wolfgang R.Weber,
  Bruchwiesenstraße 17,
  64285 Darmstadt,
  Tel. 06151/63780, Fax 06151/61717

Kino

Das Kino ist in Toronto sehr populär, und so stehen mehrere größere Kinos zu Verfügung. Über das Programm kann man sich telefonisch oder durch den Aushang direkt bei dem entsprechenden Kino erkundigen. Darüber hinaus informieren die Tageszeitungen und die Wochenzeitschriften. Die Kinos sind:

- Bloor Cinema, 506 Bloor Street West, Tel. 416-5326677
- Cinesphere, 955 Lakeshore Boulevard, Tel. 416-314-9900
- Fox Beaches, 2236 Queen Street East, Tel. 416-6917330
- Kingsway Theatre/The Nostalgic, 3030 Bloor Street West, Tel. 416-2361411
- Paradise Cinema, 1006 Bloor Street West, Tel. 416-5377040
- Revue Cinema, 400 Roncesvalles Avenue, Tel. 416-5319959
- Shoppers drug Mart Omnimax Theatre, 770 Don Mills Road, Tel. 416-696-1000

Konzerte

Toronto als „Show Town" mit dem Beinamen „Hollywood des Nordens" ist eine Stadt des Entertainments. Ob Rock, Jazz, Klassik oder Pop in Toronto gibt es das ganze Jahr lang erstklassige Konzerte. Konzerte finden u.a. im Paramount Canada's Wonderland, im Harbourfront Centre, im Ontario Place, in der Roy Thomson Hall und in der Massey Hall statt. Die Roy Thomson Hall mit moderner Architektur und zentraler Lage (60, Simcoe Street, Tel. 416-593-4828) ist Torontos führender Konzertsaal. Rund 2.800 Gäste können sich hier an der guten Akustik erfreuen. Hier sind das Toronto Symphonie Orchestra und der Toronto Mendelssohn Choir zuhause. Die Massey Hall (178, Victoria Street, gegenüber vom Eaton Centre) bietet eine breite Palette musikalischer Unterhaltung. Seit 1894 hat die beeindruckende Konzerthalle ihre Pforten geöffnet. Tickets erhält man u.a. durch Ticket Master, Tel. (416)-345-1839 und T.O.TIX, Tel. (416)-536-6468.

Kreditkarten

Kreditkarten sind in Toronto und generell in Kanda ein übliches und willkommenes Zahlungsmittel. Ob im Restaurant, im Hotel oder an der Tankstelle vielfach werden Kreditkarten akzeptiert. Eine Ausnahme stellen jedoch die Lebensmittelgeschäfte dar. Akzeptiert werden in erster Linie VISA, Diners Club und MasterCard. Zahlreich sind die Geldautomaten, an denen man mit der Karte Geld erhalten kann. Die dafür berechneten Gebühren sind allerdings sehr hoch. Sollte die Kreditkarte gestohlen werden oder verliert man sie, so sollte man die folgenden Nummern wählen:

- American Express, Tel. 416-4749280
- MasterCard, Tel. 416-2328020
- Diners Club, Tel. 416-9745460
- VISA (Royal Bank), Tel. 416-9745460

Malls

Die Malls sind gigantische Shopping-Centre, wie der bekannte Eaton Centre, die über unzählige Geschäfte und kleine Restaurants verfügen. Sie bieten die Vorteile, daß sie überwiegend alles unter einem Dach anbieten und darüber hinaus noch über große Parkflächen verfügen. Malls jüngeren Datums sind überwiegend stilvoll eingerichtet mit Brunnen, exotischen Pflanzen und vielen Sitzgelegenheiten.

Malls in Toronto:

- Fairview Mall,
  1800 Sheppard East, nahe Don Mills
- Hudson's Bay Centre,
  Bloor East/Yonge Street
- The Promenade,
  Promenade Circle, südlich von Highway 7, nördlich von Steeles
- Scarborough Town Centre,
  südlich von Highway 401,
  an der McCowan Road
- Sherway Gardens,
  in Etobicoke, am Queensway,
  nahe Highway 427
- Woodbine Centre,
  im Norden von Etobicoke, in Rexdale
- Yorkdale,
  südlich der Highway 401,
  nahe der Allen Road

Maße und Gewichte

Auch wenn in Kanada seit 1975 das international weitverbreitete metrische System benutzt wird, stößt man immer wieder auf alte britische/amerikanische Maße:

Längenmaße:

1 inch = 2,54 cm
1 foot = 30,48 cm
1 mile = 1,609 km

Flächenmaße:
1 square inch = 6,452 cm²
1 square foot = 929,029 cm²
1 acre = 40,47 a

Flüssigkeitsmaße:
U.S. gallon = 3,785 l
1 U.S. Barrel 119,228 l

Gewichte:
1 ounce (oz.) = 28,35 g
(als Feingewicht = 31,103 g)
1 pound (lb.) = 453,592 g
(als Feingewicht = 373,242 g)
1 ton (t.) = 1016,05 kg

Mietwagen

Wer mehere Tage in Toronto verbringt und sich auch das Umland anschauen möchte, sollte einen Leihwagen mieten. Die Preise sind abhängig von der Mietdauer, Größe, Ausstattung und Saison. Auch wenn die Mietstationen über feste Preislisten verfügen, sollte man versuchen, einen besseren Preis herauszuhandeln oder gegebenenfalls versuchen, mehr Kilometer pro Tag bzw. unbegrenzte Kilometer herauszuschlagen.

Anmietstationen in Toronto sind:

- Alamo Rent-a-car,
  Tel. 1-800-327-9633
- Avis Rent-a-car,
  Tel. 416-213-4278
- Budget Rent-a-Car,
  Tel. 416-6733322
- Discount Car and Truck Rentals,
  Tel. 416-961-8006
- Hertz Canada,
  Tel. 416-6209620
- No-Frills Car & Truck Rental,
  Tel. 416-744-9272
- Rent a Wrack,
  Tel. 416-9617500
- Tilden,
  Tel. 416-674-1825
- Thrifty Rent-a-Car,
  Tel. 416-8680350

Vielfach verlangen die Anmietstationen einen internationalen Führerschein. In der Regel muß der Fahrer mindestens 21 Jahre alt sein. Vor der Annahme des Pkws sollte man den wagen gründlich auf Schäden untersuchen und gegebenenfalls protokollieren lassen.

Mücken

Zu den lästigen Insekten, die einem den Kanada-Urlaub vermiesen können, gehören in erster Linie die kleinen „Black Flies". Zahlreich stechen sie in der Sommerzeit, und ihr Bestand reduziert sich erst nach einigen Frosttagen. Über geeignete Gegenmittel sollte man sich in den Drogerien informieren. Sehr erfolgreich ist das Badeöl von Avon mit dem Namen „Skin so Soft".

Musicals

Man kann Toronto auch als „Broadway des Nordens" bezeichnen, denn in der Metropole sind alle Mega-Musicals zuhause. Neben kleineren und eher unbekannten Musicals laden auch die großen Theater zu den Mega-Musicals wie „Phantom der Oper", „Miss Saigon", „Sunset Boulevard", „The Who's Tommy" oder „Crazy for You" ein.

Infos zu den Aufführungen und Tickets erhält man von

- Ticket Master,
  Tel. (416)-345-1839
- T.O.TIX,
  Tel. (416)-536-6468.
- Toronto Half Price Tickets,
  im Eaton Centre, Tel. 416-536-6468.

Notfall

Im Notfall sollte man telefonisch in Metro Toronto die „911" wählen oder die „0" und den Operator mit den Worten „This is an emergency" verständigen (siehe auch unter Ärzte & Medizin).

Öffnungszeiten

Die Öffnungszeiten sind nicht so einheitlich wie in Deutschland. Sie variieren von Geschäft zu Geschäft und sind vielfach von der Stadtgröße abhängig. Grob kann gesagt werden, daß in Toronto die Geschäfte von Montag bis Samstag von 9 bis 20 Uhr geöffnet sind. Größere Geschäfte oder die Shopping Malls öffnen auch am Sonntag ab 12 Uhr. Liquor Stores und Beer Stores haben sonntags überwiegend geschlossen. Banken sind zwischen Montag und Freitag von ca. 10 bis 15 Uhr und die Post hat zwischen 8.00 und 17.30 Uhr geöffnet.

Wer etwas Wichtiges vergessen hat, kann in Geschäften einkaufen, die rund um die Uhr geöffnet haben. Sie sind meistens durch eine „24 Hour" Leuchtreklame gekennzeichnet. Darüber hinaus verfügen auch größere Tankstellen über einen kleinen Supermarkt, in dem man mehr als nur die Sachen des täglichen Bedarfs kaufen kann.

Post

In der Regel sind die Postämter in der Zeit von 8.00 - 17.30 Uhr, von Montag bis Freitag geöffnet. Wer die Adresse eines Postamtes sucht, findet sie im Telefonbuch unter der Rubrik „Government - Canada Post". Die kanadische Post befördert die Briefe und Postkarten nach Europa in einem unterschiedlichen Tempo von 4 bis 7 Tagen. Postkarten und Briefe mit einem Gewicht von bis zu 30 g (1 Unze) kosten nach Europa 90 Cent. Innerhalb Kanadas beträgt das Porto 45 Cents und in die USA 52 Cents. Man sollte die Briefe und Karten mit dem Aufkleber oder der Aufschrift „Air Mail" versehen, um sicher zu sein, daß die Post per Flugzeug transportiert wird.

Die kanadischen Postämter sind nicht für die Telefone und die Übermittlung von Telegrammen zuständig.

Rafting

Die nächste Möglichkeit, am spannenden und abenteuerlichen River Rafting, der Fahrt mit dem Schlauchboot über einen schnellfließenden Fluß, teilzunehmen, bietet der Ottawa River.

Durchgeführt wird das Rafting von Owl Rafting Inc., mit der Adresse:

- Owl Rafting Inc,
  Box 29, Foresters Fall, Ontario,
  Tel. 613-6462263

Reiseanbieter

Wer Toronto besuchen möchte, kann dies auf eigene Faust machen und Flug, Unterkunft etc. selber buchen oder er greift auf die vielen erfahrenen Reiseanbieter zurück. Vielfach bieten sie Reisen wesentlich günstiger an als selber organisierte Reisen. Reiseveranstalter sind, z.B.:

- AGIL,
  Schiller-Straße 48,
  D-47546 Kalkar,
  Tel. 02824-804555,
  Fax 02824-804557
- ATS Air Travel Service GmbH,
  Kurfürstendamm 132,
  D-10711 Berlin,
  Tel. 030-8969960, Fax 030-892-6709

- CA Ferntouristik GmbH,
  Nymphenburger Straße 1,
  D- 80335 München,
  Tel. 089-25252020,
  Fax 089-25253535
- CANUSA Touristik,
  Nebendahlstraße 16,
  D-22041 Hamburg,
  Tel. 040-2272530, Fax 040-22725353
- CRD International Canada Reise Dienst GmbH,
  Manfred-Samusch-Straße 1,
  D-22926 Ahrensburg,
  Tel. 04102-88770, Fax. 0402-887755
- DERTOUR GmbH & Co.HK,
  Emil-von-Behring-Straße 6,
  D-60424 Frankfurt/Main,
  Tel. 069-958800, Fax 069-95881010
- Easy Way Touristik GmbH,
  Augsburger Straße 624,
  D-70329 Stuttgart,
  Tel. 0711-323044, Fax 0711-321133
- eest Reisen GmbH,
  Vohenburger Straße 28,
  D-86156 Augsburg,
  Tel. 0821-403032, Fax 0821-402299
- EXPLORER Fernreisen,
  Hüttenstraße 17,
  D-40215 Düsseldorf,
  Tel. 0211-994902, Fax 0211-377079
- imr Reisen GmbH,
  Dahlienstraße 20,
  D-47495 Rheinberg,
  Tel. 02843-860069,
  Fax 02843-860070
- Pioneer Erlebnisreisen,
  Steubenstraße 7,
  D-72379 Hechingen,
  Tel. 07471-6962, Fax 07471-13553
- Skan Tours Touristik International GmbH,
  Eysselkamp 4, D-38518 Gifhorn,
  Tel. 05371-8930, Fax 05371-893799
- TC Tour Canada Spezialreisen GmbH,
  Frankfurter Straße 15,
  D-61476 Kronenberg,
  Tel. 06173-940455,
  Fax 06173-940456
- TravelMasters GmbH,
  Duisburger Straße 125,
  D-404479 Düsseldorf,
  Tel. 0211-51333100,
  Fax 0211-51333150
- TUI Deutschland GmbH+Co. Kg,
  Karl-Wiechert-Allee 23,
  D-30625 Hannover,
  Tel. 0511-5670, Fax 0511-5671301

Restaurants

Kaum eine andere Stadt in der Welt verfügt über so viele verschiedene Restaurants wie Toronto und so läßt die multikulturelle Metropole,den verwöhnten Gaumen nicht im Stich. Die Anzahl der Restaurants ist mit 4.000 sehr beeindruckend und deckt den Bedarf der Torontonians, die weitaus häufiger ein Restaurant aufsuchen als andere Kandadier. Die zahlreichen Einwanderer präsentieren mit ihren Restaurants die Küche ihres Heimatlandes, und so kann man chinesisch, italienisch, karibisch, ungarisch, britisch, texanisch-mexikanisch, continental, ostindisch, französisch, griechisch, koreanisch, japanisch, malayisch, nordamerikanisch, portugiesisch, deutsch, thailändisch, skandinavisch, spanisch, vietnamesisch und, und, und... essen. Grenzenlos ist hierbei das Angebot, und aufgrund der Fülle können die einzelnen Restaurants nicht aufgelistet werden. Im Stadtzentrum ist jedoch nahezu jede Küche vertreten. Wer ein Restaurant am Abend besucht, sollte nach Möglichkeit reservieren. Man sollte dann auch daran denken, daß man zunächst im Eingangsbereich wartet („Wait to be seated"), bis der Ober den Tisch zuweist. Vielfach wird man auch aufgefordert, zunächst einen Drink oder eine Kleinigkeit an der Bar zu sich zu nehmen. Viele Restaurants halten auch Angebote bereit und bieten auch zu bestimmten Zeiten, z.B. Mittagsmenue ihre Speisen wesentlich günstiger an.

Rundflüge

Wer Toronto aus der Luft sehen will wird begeistert sein, denn nicht nur die Downtown mit den beeindruckenden Bank Towers und die Küste des Ontariosees sowie Toronto Island, sondern auch die großflächige Ausbreitung der Stadt mit ihren riesigen Neubaugebieten sind gut zu beobachten. Das Unternehmen National Helicopter (Tel. 416-361-1100, Fax 416-361-1874) startet seine Rundflüge mit dem Hubschrauber vom Toronto City Heliport. Möglich sind auch Flüge zu den Niagara Fällen. Rundflüge werden jedoch nur in der Hauptsaison angeboten.

Steuern

In Kanada muß eine generelle Steuer beim Kauf von Gütern und für Dienstleistungen bezahlt werden und ist auch in den Kosten für die Unterkunft enthalten. Diese GST (Good and Service Tax) ist einheitlich und beträgt 7%. Sie kann von europäischen Touristen zurückgefordert werden (siehe unter TAX-FREE). Die Provinzsteuer ist von Provinz zu Provinz unterschiedlich und beträgt gegenwärtig in Ontario 8%.

Stromspannung

Möchte man Geräte z.B. Föhn, Rasierer und Radio in Kanada betreiben, muß man sicher gehen, daß das Gerät auf 110 Volt umgeschaltet werden kann, denn die Stromspannung in Kanada und in den USA 110 Volt, 60 Hz (in Europa: 220 Volt, 60 Hz). Darüber hinaus haben die Steckdosen und Stecker andere Maße, so daß man einen Adapter (Euro-Stecker) benötigt, der in Deutschland erhältlich ist.

Tax-Free

Glücklicherweise können europäische Touristen in Kanada steuerfrei einkaufen. Beim Kauf muß jedoch zunächst die Steuer d.h. die GST (Good and Servise Tax) von derzeitig 7% und die Provinzsteuer von 8% bezahlt werden. Die Belege sollte man aufheben. Sie können an einigen Duty Free Shops eingereicht werden. Duty Free Shops in Ontario befinden sich in Fort Erie, Fort Frances, Lansdowne, Prescott, Queenston, Niagara Falls, Rainy River, Point Edward, Sault Ste. Marie und in Windsor. Die Steuer kann jedoch auch von Deutschland zurückerstattet werden. Formulare erhält man an Zollstationen und Flughäfen oder direkt bei:

- Revenue Canada - Customs,
  Excise an Taxation, Visitor Rebate Program, Ottawa, Canada, K1A 1J5

Taxi

Wird ein Taxi benötigt, so kann es an der Straße angehalten und per Telefon gerufen werden. Der Grundpreis beträgt rund 21/2 kanadische Dollar und jeder gefahrene Kilometer wird mit einem Dollar berechnet. Taxiunternehmen sind:

- Co-op Cabs,
  Tel. 416-504-4016
- Diamond Taxicab,
  Tel. 416-3666868

- Emerald Corporate Taxi Services LTD, Tel. 416-590-9000
- Independent Cab Owners Cooperative, Tel. 416-3684445

Telefon

Das Telefonwesen in Kanada ist sehr flexibel und variantenreich. Grundsätzlich dürfen die Inhaber eines Telefonanschlußes alles anschließen, was sich zur Daten- und Signalübertragung auf dem Markt befindet. Auch die Telefonrechnung stellt eine Besonderheit dar. Sie listet neben den Kosten auch Datum, Zeit und Gesprächsteilnehmer auf. Generell ist ein Gespräch von Kanada nach Deutschland günstiger als umgekehrt. Eine weitere Besonderheit ist der „Operator", eine Vermittlungsperson. Wählt man die 0, so hat man die Verbindung zum Operator, der dann weiterhilft. Er vermittelt u.a. die Auslandsgespräche, die als sogenannte „Collect-Calls" (werden vom Gesprächsempfänger bezahlt) geführt werden können. Eine weitere Variante ist der „Third-Number-Call". Hierbei kann man die entstehenden Kosten auf die eigene Telefonrechnung setzen lassen.

In Toronto findet man eine Reihe von öffentlichen Telefonen (Münz- und Kartentelefone) vor, die dank geringen Vandalismus überwiegend funktionstüchtig sind. Die preisgünstigsten Zeiten sind nach 22 Uhr und am Wochenende. Leider kann man nur von sehr wenigen öffentlichen Telefonzellen Gespräche nach Europa führen. Kostenlos ist die Wahl der 800er Nummern, vergleichbar mit den 130er Nummern in Deutschland, die von Firmen angeboten werden. Die Telefonvorwahlnummer von Metropolitan Toronto lautet 416. Die umliegenden Städte des Großraumes Toronto erhielten 1994, aufgrund steigender Nachfrage nach Telefonanschlüssen, die neue Vorwahl 905. In diesem Reiseführer ist stets die Vorwahlnummer 416 vorangestellt. Bei Telefonaten innerhalb der Metro Toronto entfällt die Vorwahl.

Vorwahlnummern von Kanada nach:

- BRD 01149
- Schweiz 01143
- Österreich 01141

Bei der folgenden Ortsnetzkennzahl entfällt die erste 0.

Tickets

Zahlreich sind interessante Veranstaltungen in Toronto und den Verkauf von Tickets für Sportveranstaltungen, Theater und Konzerte übernehmen die folgenden Agenturen:

- All-Star Sports, 1176 Danforth Avenue, Tel. 416-4666644
- Special Ticket Entertainment, 90 Yorkville Avenue, Tel. 416-9297200
- Toronto Tickets, 105 Carlton Street, Tel. 416-5818888

Ein besonders günstiger Anbieter für Musik- und Tanzveranstaltungen, Theater und Komödie ist T.O.TIX. Jedoch können die Tickets nur am Veranstaltungstag günstiger erworben werden. T.O.TIX hat in der Nähe vom Eaton Centre, an der Dundas Street ein Verkaufsbüro, Tel. 416-536-6468. Tickets erhält man auch von Ticketmaster, Tel. 416-345-1839.

Theater

In der „Show Town" Toronto gibt es rund 40 Theater, und nach London und New York ist Toronto die drittgrößte englischsprachige Bühne der Welt. Zu den bekanntesten und besten Bühnen gehört der O'Keefe Centre (1 Front Street East, Tel. 416-3937469). In diesem Theater sind „The National Ballet of Canada" und die „Canadian Opera Company" zuhause. Darüber hinaus treten hier stets internationale Superstars auf und das Beste vom Broadway wird aufgeführt. Zu den weiteren Aufführungen gehören Komödien und Tanzveranstaltungen.

Im Pantages Theater (244 Victoria Street, Tel. 416-3623218), das 1920 erbaut und zunächst als Stummfilmkino genutzt wurde, wird seit 1990 das weltbekannte Stück „Das Phantom der Oper" von Andrew Lloyd Webber aufgeführt.

Ein weiteres altes Theater ist „The Elgin & Winter Garden Theatres" (189 Yonge Street, Tel. 416-3635353). 1913 öffnete es seine Pforten und präsentiert heute Musik und Tanz aus der ganzen Welt.

Ein Theater mit einer ebenfalls sehr langen Tradition ist das Royal Alexandra Theatre (260 King Street West, Tel. 416-593-4142). Das „The Princess of Wales Theatre" (300 King Street West, Tel. 416-5934142) verfügt über Werke des amerikanischen Künstlers Frank Stella.

Zu den weiteren bedeutenden Theatern gehören der „Ford Centre for the Performing Arts" (5040 Yonge Street, Tel. 416-7339388), das „New Yorker Theater" (651 Yonge Street, Tel. 416-8721111), der „St.Lawrence Centre for the Arts" (27 Front Street East, Tel. 416-3667723), „Du Maurier Theatre Centre at Harbourfront Centre" (231 Queens Quay West, Tel. 416-9734000) und das Theater „The Second City" (56 Blue Jays Way, Tel. 416-343-0033).

Ein beliebter kultureller Anziehungspunkt ist die Stadt Stratford, rund 150 Kilometer westlich von Toronto. Hier werden alljährlich in den Monaten Mai bis November Stücke von William Shakespeare auf drei Bühnen aufgeführt. Info zum Stratford Shakespeare Festival unter Tel. 519-2731600 oder Tel. 416-3634471. Für die Anfahrt von Toronto nach Stratford benötigt man rund 2 Autostunden.

Ebenfalls rund zwei Stunden entfernt, südlich von Toronto, liegt Niagara-on-the-Lake mit dem „Shaw Festival Theater". Hier werden Stücke von George Bernard Shaw aufgeführt. Informationen erhält man gebührenfrei unter Tel. 1-800-2674759.

Trinkgeld (Tip)

Wer Essen geht, Taxi fährt und sonstige Dienstleistungen in Anspruch nimmt, sollte das Trinkgeld nicht vergessen. In Kanada ist es üblich ein Trinkgeld zu geben. Hierbei sollte man in Lokalen stets 10 bis 15 Prozent des Rechnungsbetrages als „Tip" bezahlen. Für besondere Dienste wie Koffertragen können Trinkgelder in der Höhe von zwei Dollar gegeben werden.

U-Bahn (Subway)

Die Subway von Toronto ist ein wichtiges Glied der Verkehrssysteme. Sie gehört zu den saubersten Subways der Welt. Sie wird viel genutzt und fährt in kurzen Zeitabständen. Sie sollte nach Möglichkeit in Anspruch genommen werden, da sie sehr kostengünstig ist und zahlreiche Sehenswürdigkeiten im Stadtkern in unmittelbarer Nähe von U-Bahnstationen liegen. Das U-Bahnnetz erstreckt sich südlich bis zum Hauptbahnhof (Station: Union), nördlich mit zwei Linien bis in die Stadt City of York mit den Haltestellen Finch und Wilson, östlich bis in die City of Scarborough mit der Endstation Kennedy und westlich bis in die City of Etobicoke (Endstation Kipling).

Beim Betreten der U-Bahn muß ein kleiner Fahrausweis (Token) in einen Glasbehälter geworfen werden. Danach geht man durch ein Drehkreuz und hat Zugang zu den Gleisen. Jetzt kann man in dem gesamten U-Bahnnetz befördert werden. Verläßt man jedoch eine U-Bahnstation, um beispielsweise einen kleinen Stadtbummel zu machen, muß beim Betreten erneut ein Token eingeworfen werden. Die günstigen Token erhält man in jeder U-Bahnstation am Schalter oder an einem Automaten. Je mehr man kauft, desto günstiger sind sie.

Währung

Der kanadische Dollar ist die Währung Kanadas. Ein kanadischer Dollar hat einen Kurswert von rund 1,16 DM, entspricht rund 0,60 EURO (Stand: Anfang 1999) und die übliche Abkürzung ist „Can $". Ein Dollar sind 100 Cents und es gibt Münzen zu 1, 5, 10, 25, 50 Cents und zu einem Dollar. Gebräuchliche Namen für die einzelnen Münzen sind für einen Cent = Penny, für 5 Cents = Nickel, für 10 Cents = Dime, für 25 Cents = Quarter und für eine Dollar Münze = Loonie. Scheine gibt es als 2, 5, 10, 50 und 100 Dollar Noten.

Wettervorhersage

Wer sich über das zukünftige Wetter informieren möchte, erhält Infos über die Tageszeitung und im Anschluss an die Nachrichten im Fernsehen. Darüber hinaus informieren auch ein telefonischer Wetterdienst und der Fernsehkanal „Weather Network" über das wahrscheinlich kommende Wetter in Südontario (und ganz Kanada). Unter Tel. 416-6763066 werden rund um die Uhr Informationen zum Wetter erteilt. Ebenfalls durchgängig erhält man auf dem Fernsehkanal 30 (Rogers Cable 30) die Vorhersagen von Weather Network.

Wohnmobile

Einen sehr mobilen und flexibelen Urlaub ermöglicht das Wohnmobil. Allerdings liegen die entsprechenden Campingplätze außerhalb von Toronto (siehe Kapitel Übernachtungsmöglichkeiten). Empfehlenswerte Wohnmobil-Vermieter sind:

Owasco Canadian Car & Camper Rentals ist schon seit 1972 tätig und befindet sich in Whitby, 1425 Dundas Street East, L1N 2K6, Tel. 905-668-9383, Fax 905-668-9734. Ein weiterer empfehlenswerter Vermieter ist Cruise Canada. Dieses Unternehmen, das in zahlreichen anderen Städte Abgabe- und Anmietstationen besitzt befindet sich rund 35 Kilometer nordwestlich der Downtown in der Stadt Bolton Adresse:Highway 50, Bolton, Ontario, L7E 5R9, Tel. 905-9513102.

Überwiegend verfügen die Anbieter über Modelle, die nur wenige Jahre alt sind. Man sollte sich vor der Fahrt im Klaren sein, wieviel Kilometer man fährt und dementsprechend zusätzliche frei Kilometer buchen oder später die zusätzlichen Kilometer extra bezahlen. Es ist wichtig, sich Schäden am Fahrzeug, wie z.B. Macken in der Windschutzscheibe portokollieren zu lassen. So läßt sich mancher Ärger bei der Abgabe des Wohnmobils vermeiden. Vielfach ist der Transfer zum Flughafen im Preis enthalten.

Zeit

In Kanada muß die Uhr zurückgedreht werden. Toronto/Ontario liegt in der nordamerikanischen Eastern Time (ET). Die Differenz zur Mitteleuropäischen Zeit (MEZ) beträgt -6 Stunden.

Zeitungen

Tageszeitungen, Magazine usw. erhält man u.a. am Kiosk, in der Buchhandlung und im Supermarkt an der Kasse. Zu den bedeutenden kanadischen Zeitungen gehören Globe and Mail, Toronto Star, Toronto Sun und Financial Post. Toronto ist die einzige kanadische Stadt mit vier englischsprachigen Tageszeitungen. Wöchentlich erscheinende Zeitungen mit dem Schwerpunkt Toronto sind „eye" und „NOW". Zahlreich sind die ethnischen Publikationen. Von den insgesamt 138 Publikationen, die in Kanada erscheinen, werden mit 72 mehr als die Hälfte in Toronto veröffentlicht. Zu den bedeutenden zählen Equality News (karibisch), Shing Wah Daily News (chinesisch), Deutsche Presse (deutsch) und Corriere Canadese (italienisch).

Zoll

Personen über 16 Jahre dürfen 1 Kg Tabak, 200 Zigaretten oder 50 Zigarren zollfrei einführen. Personen über 18 Jahren dürfen darüber hinaus 1,1 Liter Spirituosen oder 8,2 Liter Bier einführen. In der Höhe von 40 kanadischen Dollar dürfen Geschenke (mit Ausnahme von Alkoholika und Tabakwaren) zollfrei mitgebracht werden.

Stadtgeographische Begriffe - Definitionen und Übersetzung

- Apartment Belt - Zone mit zahlreichen Apartmentblocks
- Blighted Areas - graue Zone von „verschatteten, verfallenen Gebieten"
- CA - Census Agglomeration - Städte mit einer Einwohnerzahl zwischen 10.000 und 100.000
- Canadian Dream - der Wunsch vieler Kanadier nach einem Eigenheim, möglichst idyllische Lage im Grünen
- CBD - Abkürzung für Central Business District, Zentraler Geschäftsbereich, beinhaltet überwiegend den tertiären Sektor, umfaßt lediglich rund 1 Prozent der gesamten Stadtfläche
- CMA - Abkürzung für Census Metropolitan Area, Großstädte mit einer Einwohnerzahl von mehr als 100.000, wird vielfach mit MA abgekürzt
- Commercial Blight - Niedergang zahlreicher zentraler Geschäftsbezirke
- Commuter Village - Wohnorte und Wohnsiedlungen, die eine reine Wohnfunktion erfüllen. Die Bewohner müssen zum entfernten Arbeitsplatz pendeln
- Countryside - der ländliche Raum, verändert sein Gesicht durch die Urbanisierung
- **Compact Urban Form** - moderne Bauweise, hierbei werden zahlreiche kleine Einfamilienhäuser auf kleinen Parzellen in unmittelbarer Nähe zueinander gebaut, soll der Ausbreitung des Stadtgebietes entgegenwirken
- Condominiums - Apartmenthäuser mit Miets oder Eigentumswohnungen, große und moderne Condominiums sind an der Harbourfront entstanden
- Counterurbanisation - Verteilung einer perfekt verstädterten Gesellschaft dispers im Raum
- **Dezentralisation** - Auflösung der wirtschaftlichen, politischen Strukturen im Kernraum und Verlagerung in die peripheren Räume. Funktionen und Bedeutung der Downtown Toronto verlagern sich in die untergeordneten Zentren (Subzentren) wie North York oder Scarborough
- **Downtown** - innerstädtischer Bereich, prägt als eine Art Aushängeschild das Image der Stadt, beinhaltet den Zentralen Geschäftsbereich
- Exurban - äußere Zone des Außenbereiches der Stadt, hier vollzieht sich die flächenmäßige Ausdehnung der Stadt, starke Bevölkerungszunahme
- GTA - Abkürzung für Greater Toronto Area
- Gentrification - bausoziale Aufwertung von Innenstadtgebieten
- Greenland - Naturräume (Grünflächen)
- Green Belt - der Grüngürtel, der das Stadtgebiet umgibt
- Industrial Blight - Verfall des inneren Industriegürtel um die Downtown
- Leapfrogging - Überspringen freier Flächen, entlang einer Linie (überwiegend größerer Straßen) bleiben Flächen unbebaut
- Municipality - Stadtbezirk
- Neighbourhood - größere zusammenhängende Wohnsiedlung mit Einkaufsmöglichkeiten, Einrichtun-

gen wie Schulen, Kirchen, Post, Büchereien, Banken usw.
- New Towns - geplante moderne Städte in der Nähe zur Metropole, beinhaltet Wohn- und Arbeitsmöglichkeiten, entlasten die Innenstädte („New Town Program" seit 1973), bedeutendste und erste New Town ist Don Mills
- Non-place - Zukunftvision der Stadt, Stadt als zerfallene physiognomische Einheit
- Office Parks - Konzentrationen von Büros
- Overspill (-Bewegung) - „Überlaufen" bzw. Ausbreiten des Kernraumes zu den Satelittenstädten hin, hierbei wird überwiegend der Grüngürtel in Anspruch genommen
- Residential Blight - Verfall der Wohnbausubstanz, Folge: Slumbildung
- Rural Community - ländliche Siedlung, Farmsiedlung, umfaßt vielfach Arbeits- und Wohnfunktion
- SMSA - Abkürzung für: Standard Metropolitan Statistical Area, sozialökonomisch definierter Stadtregionstyp in den USA, vergleichbar mit den Metropolitan Areas in Kanada
- Shopping malls - gigantische Einkaufszentren, wie z.B. der Eaton Centre
- Skid Row - Viertel mit heruntergekommenen Häusern
- Spread City - flächenmäßig stark ausgedehnte Stadt, seit den 20er Jahren begünstigt durch gestiegene Mobilität (Personen- und Lastkraftwagen)
- Statistics Canada - Bundesamt für Statistik in Kanada
- Suburban - innere Zone des Außenbereiches der Stadt, schließt sich an die Innenstadt an
- Suburbanisierung - Besiedlung außerhalb des Kernraumes, die Suburbanisierung verursacht in Toronto das flächenhafte Wachstum der Stadt
- Subzentren - in wirtschaftlicher (sowie politischer) Hinsicht bedeutende Zentren außerhalb des übergeordneten Zentralen Geschäftsbereiches (CBD). Subzentren in der Metro Toronto sind Etobicoke (Islington/Kipling), North York, Eglington, St.Clair und Scarborough.
- Tower - engl.: Turm, Bezeichnung für die gigantischen Wolkenkratzer im Zentralen Geschäftsbereich von Toronto wie Canada Trust Tower, Eaton Tower, Bank of Montreal Tower
- Township - Vermessungssystem, teilte das Land in 6x6 Meilen große Einheiten ein und wurde bereits 1785 eingeführt; in der GTA bestehen Townships wie „Township of Brock" und andere, die administrativ Streusiedlungen beinhalten
- Urban - Klassifizierung der Orte mit weniger als 10.000 Einwohnern
- Urban Growth - Städtewachstum
- Urban Sprawl - Ausbreiten des Stadtgebietes, Städtewachstum
- Zone in Transition - Übergangszone, Wohn- und Gewerbering

Literaturverzeichnis

- BAINE,Richard P. & MCMURRAY, Lynn,A.: Toronto an Urban Study, Toronto 1984
- BECKER,Hans: Kulturgeographische Prozeßforschung in Kanada, Bamberg 1982
- BENTFELD,Jo: Kanada (Ost), Köln 1990
- BERRIDGE LEWINBERG GREENBERG LTD.: Shaping Growth in the GTA, Toronto 1991
- BIRNBAUM,Stephen (Hg.): Birnbaum's Canada 1992, New York 1991
- BRUNN,S.D. & WILLIAMS,J.F.: Cities of the World, New York 1972
- BUNTING,Trudi & FILION, Pierre: Canadian Cities in Transition, Canada 1991
- BUTZIN,Bernhard: Zentrum und Peripherie im Wandel: Erscheinungsformen und Determinanten der „Counterurbanization" in Nordeuropa und Kanada, Paderborn 1986
- CAMPBELL,Dorothy: Toronto - Cabin to Highrise, Toronto 1977
- CANADIAN URBAN INSTITUTE: The Greater Toronto Area: An Urban Region, Toronto 1991
- CITY OF TORONTO - PLANNING & DEVELOPMENT DEPARTMENT: The City in the Region, Toronto 1990
- CLUGSTON,Michael: The Algonquin Park In: Canadian Geographic Nov./Dec. 93
- ENGEL,Birgit: Ontarios Algonquin-Park. In: Canada Journal, 11/1992
- FELTES,Maria & FELTES, Thomas (Hg.): Kanada, Leer 1992
- FRISKEN,Frances: The Contribution of Metropolitan (Government to Sucess of Toronto's Public Transit System) In: Urban Affairs Quarterly, Dec.1991
- GALLUSSER,W.: Lebensqualität in Kanadas Stadtregionen. In: Basler Beiträge zur Geographie, Basel 1985
- GARLAND,Gord: Greater Toronto Region and Waterfront - Community Overview, Toronto 1991
- GOHEEN,Peter G.: Victorian Toronto, Chicago 1970
- GOLDBERG,Michael A.& MERCER,John: The Myth of the North American City, Vancouver 1986
- GORRIE,Peter: Farewell to Chinatown. In: Canadian Geographic, Aug./Sept. 1991
- GORRIE,Peter: North York's Instant Downtown. In: Canadian Geographic, April/May '91
- GRUNDMANN,Hans-R.: USA/Canada, Wiefelsstede 1989

- HAHN, Barbara:
  Winterstädte - Planung für den Winter in kanadischen Großstädten,
  Augsburg 1992
- HAHN, Barbara:
  Stadterneuerung am Ufer des Ontario-Sees in Toronto
  In: DIE ERDE, Heft 3, 1993
- HALEY, Catherine:
  Canada,
  Hong Kong 1990
- HANNEL, C:
  Across Canada,
  Resource and Regions,
  Toronto 1981
- HARRIS, Richard:
  Describing the Canadian City:
  The Housing Atlases of 1941
  In: The Canadian Geographer/Le Géographer canadien 37, no 2 (1993)
- HEMSON CONSULTING LTD.:
  The Outlook for Population
  and Employment in the GTA,
  Toronto 1993
- HOFMEISTER, Burkhard:
  Stadtgeographie,
  Braunschweig 1993
- HOPPE, Wilfried:
  Bodenversalzungen und Trockenfeldbau in den nördlichen Great Plains,
  Dortmund 1998
- HURTIG PUBLISHER (Hg.):
  The Canadian Enzyclopedia,
  Edmonton 1988
- JOHNSON, Brian D.:
  Show Town,
  In. GEO Special Kanada,
  Hamburg 1996
- KRUM, Werner:
  Kanada,
  München 1993
- LANDER, J.B. & HECHT, A.:
  Regional Development in Ontario,
  Marburg 1980
- LEMON, James:
  Toronto since 1918,
  Toronto 1990
- LENZ, Karl:
  Kanada,
  Darmstadt 1988
- LEY, David:
  A Social Geography of the City,
  New York 1983
- LICHTENBERGER, Elisabeth:
  Stadtgeographie,
  Stuttgart 1991
- MACKENZIE, Margaret & Rod:
  Toronto,
  Vanvouver 1992
- MATTHEW, Malcolm R.:
  The Suburbanization of Toronto Offices
  In: The Canadian Geographer/
  Le Géographer canadien 37,
  no 4 (1993)
- METROPOLITAN TORONTO
  PLANNING DEPARTMENT (Hg.):
  The GTA: Concepts for the Future,
  Canada 1990
- METROPOLITAN TORONTO
  PLANNING DEPARTMENT (Hg.):
  Metropolitan Toronto and the Greater Toronto Area,
  Toronto 1991
- MOORE, E.J.:
  Canada's Special Resource Lands:
  A National Perspective of Selected Land Uses,
  Quebec 1979
- NADER, George A.:
  Cities of Canada,
  Canada 1976

- OHLOFF, Kurt Jochen & TEUSCHL, Karl:
  Ost-Kanada,
  Köln 1994
- PIVO, Gary:
  A Taxonomy of Suburban Office Clusters: The Case of Toronto
  In: Urban Studies Nr.1 Febr. 1993
- PLETSCH, Alfred et al:
  Kanada,
  München 1986
- POLYGLOTT (Hg):
  Kanada - Östlicher Teil,
  München 1992
- PUTNAM, Donald F.:
  A Regional Geography of Canada,
  Toronto 1966
- PUTNAM, Donald F.:
  Canada - a Regional Analysis,
  Canada 1979
- RELPH, Edward:
  The Toronto Guide - The City Metro/The Region,
  Toronto 1990
- REID, Ron:
  A Green Strategy for the Greater Toronto Waterfront, Minister of Supply and Services,
  Canada 1990
- REUS DE, Mary:
  Business and Market Guide - Toronto,
  Toronto 1992
- ROBINSON, J. Lewis:
  Concepts and Themes in the Regional Geography of Canada,
  Vancouver 1983
- ROBINSON, Guy M.:
  A Social Geography of Canada,
  Edinburgh 1988
- ROYAL COMMISSION AN THE FUTURE OF THE TORONTO WATERFRONT:
  Regeneration: Toronto's Waterfront and the Sustainable City:
  final report, Queen's Printer of Ontario,
  Toronto 1992
- SEWELL, John:
  The Shape of the City,
  Toronto 1993
- STEIN, Conrad:
  Ontario,
  Kiel 1991
- TEUSCHL, Karl et al:
  Ost-Kanada,
  Köln 1990
- VOGELSANG, Roland:
  Kanada in der geographischen Forschung der 80er Jahre,
  Universitätsverlag Brockmeyer,
  Bochum 1989
- VOGELSANG, Roland:
  Kanada, Justus Perthes Verlag,
  Gotha 1993
- WATSON, J:
  A social Geography of Canada,
  Edinburgh 1988
- WILKINS, Charles:
  A World of Gourmet Delights
  In: Canadian Geographic,
  Nov./Dec. 92
- WOLLER, Rudolf:
  Reizwort: Einwanderung
  In: Canada Journal 11/1992
- YEATES, Maurice:
  The North American Cities,
  New York 1990
- YEATES, Maurice:
  Land in Canada's urban Heartland,
  Ottawa 1985

Zum Autor

Thomas Kliem (geb. 1965) hat Geographie und Sportwissenschaft studiert. Er ist Inhaber einer Bildagentur und arbeitet freiberuflich als Reisejournalist und Reisefotograf. Darüber hinaus ist er als Lehrbeauftragter an der Gerhard-Mercator-Universität Duisburg im Fach Geographie tätig.

In der Edition Aragon sind von ihm erschienen:

- Reiseland Schweden 1993
- Reiseland Norwegen 1994

Alle Angaben nach bestem Wissen und Gewissen.

Thomas Kliem,
Schiller Straße 48,
47546 Kalkar,
Tel. 02824-804555,
Fax 02824-804557

Sachregister

A
Aberglaube 140
Ärzte 48
Ärzte & Medizin 140
Alkohol 141
Angeln und Jagen 141
Antiquitäten- und Flohmärkte .. 141
Apartment Hotels 108
Antiquitätenliebhaber 57
Ausflugsziele 94
Aussicht 143
Autofahren 143

B
Bed and Breakfast 109
Behinderung 144
Benzinpreise 144
Beschäftigtenstruktur 45
Botschaften und Konsulate ... 144
Büchereien 145

C
Campingplätze 110
Casinos 145

D
Dezentralisation 125
Dienstleistungen 47

E
Einreise 145
Einwanderung 145
Energieverbrauch 96, 125
Entfernungen 147

F
Fahrradfahren 147
Fast-Food 147
Feiertage 148
Flughafentransfer 148
Flugverbindungen 148
Flugverkehr 101

G
Galerien 74
Geschichte 14, 37
Gesundheitswesen 48
Golf 149
Großlandschaften 12
Gründungszeit 37

H
Hausbau 128

I
Information 149

K
Karten und Bücher 150
Kino 150
Klima 13, 21
Konzerte 150
Kreditkarten 151
Kriminalität 131

L
Landwirtschaft 49
Lebenshaltungskosten 129

M
Malls 151
Maße und Gewichte 151
Mieten 129
Mietwagen 152
Mücken 152
Museen 74
Musicals 152

N
Notfall 153

O
Öffentliche Verkehrsmittel 99
Öffnungszeiten 153

P

Parks und Provincial Parks	79
Post	153
Prognosen und Aussichten	138
Provinzen	12

R

Rafting	153
Reiseanbieter	153
Restaurants	154
Rezession	120
Rundflüge	155

S

Soziale Notstände	129
Staat und Verfassung	10
Stadtgeschichte	38
Steuern	155
Straßen- und Kraftfahrzeugverkehr	100
Stromspannung	155

T

Tax-Free	155
Taxi	155
Telefon	156
Tickets	156
Theater	157
Tourismus	49
Trinkgeld (Tip)	157

U

U-Bahn (Subway)	157
Umweltverschmutzung und Müllproduktion	124
Unterkünfte	103

V

Verkehrsmittel	99

W

Währung	158
Wettervorhersage	158
Wirtschaft	10, 44
Wohnmobile	158

Z

Zeit	159
Zeitungen	159
Zoll	159
Zuwanderungen	111

Geographisches Register

A

African Lion Safari 96
Algonquin Provincial Park 85
Art Gallery of Ontario 75, 89

B

Bank Towers 61, 91
Bata Schuhmuseum 77
Black Creek Pioneer Village ... 95
Borough of York 23
Bronte Creek Provincial Park .. 84

C

Cabbagetown 72
Calgary 20, 128
Campbell House 65
Canada Trust Towers 62, 92
Casa Loma 59
Central Area 27
Chinatown 89, 113
City of Toronto 23
CN-Tower 41, 50, 88
Commerce Court 62, 92
Compact Urban Form 34
Cullens Garden 94

D

Downtown 27, 50
Durham Region 23

E

East York 23, 24
Eaton Centre 53, 91
Edmonton 20
Edwards Gardens 83
Etobicoke 23, 24
Exhibition Place 59

F

First Canadian Place 62
Fort York 57

H

Halton Hills 24
Halton Region 23
Hamilton 20, 26
Harbourfront Antique Market .. 57
Harbourfront Centre 55
High Park 82
Hockey Hall of Fame 77
Honest Ed's 55
Hydro Ontario 91

I

Inuit Gallery of Eskimo Art 76

J

James Gardens 84

K

Kensington Market 89, 112

L

Little Italy 113
London 20

M

Mackenzie House 65
Marine Museum
  of Upper Canada 77
Massey Hall 65, 91
Mature Suburbs 32
McMichael Canadian
  Art Collection 76
Metro Hall 63, 88
Metropolitan Toronto 23
Montreal 20

N

Nathan Phillips Square 89
New City Hall 62, 89
New Suburbs and Fringe 32
Niagara Fälle 97
North York 23

O

Old City Hall	62, 89
Ontario	21
Ontario Hydro	71
Ontario Parliament Building	63, 91
Ontario Place	59
Ontario Science Centre	94
Osgoode Hall	63, 89
Ottawa	10, 20

P

Paramount Canada's Wonderland	95
Peel Region	23
Pickering Nuclear Power Station	96

Q

Quebec	20
Queen's Quay Terminal	55

R

Rosetta McClain Gardens	84
Royal Alexandra Theatre	69, 89
Royal Bank Plaza	92
Royal Botanical Gardens	84
Royal Ontario Museum	74
Royal York Hotel	88
Roy Thomson Hall	69, 88

S

Scarborough	23
Scotia Plaza	92
SkyDome	51, 88
St.Andrews	89
St.Andrew's Presbyterian Church	71
St.James' Cathedral	71
St. James Town	73

T

Toronto	11, 20, 21, 37, 44, 50, 88, 99, 111, 119
Toronto Dominion Centre	92
Toronto Island	80
Toronto Zoo	95

U

Union Station	88
University College	91
University of Toronto	69

V

Vancouver	20

W

Waterfront Parks	83
Winnipeg	20
World's Biggest Bookstore	57, 91

Y

York Region	23

Z

Zone in Transition	28

Notizen

Notizen

Toronto

Photos, Diagramme, Karten: Thomas Kliem

© 1999 Edition Aragon Verlagsgesellschaft mbH
Neumarkt 7-9
D-47441 Moers

Lektorat: Christian Behrens
Umschlaggestaltung: Alfred Friese
Litho und Gestaltung: ZERO Kommunikation, Moers
Druck: Tiskarna Optima
Printed in Slovenia
ISBN: 3-89535-049-4